Hans Keilson

Da steht mein Haus
Erinnerungen

Herausgegeben
von Heinrich Detering

Mit einem Gespräch
zwischen Hans Keilson
und dem Herausgeber

S. Fischer

MIX
Papier aus verantwortungsvollen Quellen
FSC® C083411

3. Auflage, Juni 2011

Satz: Dörlemann Satz, Lemförde
Druck und Bindung: CPI – Clausen & Bosse, Leck
Printed in Germany
ISBN 978-3-10-048519-9

Da steht mein Haus

Erinnerungen

Als ich Deutschland verliess

Geblüht im Sommerwinde,
gebleicht auf grüner Au,
liegt weiß es jetzt im Spinde
als Stolz der deutschen Frau.

I

Wer als Jude und Verfolgter auf der Flucht mitten in Europa gelebt und überlebt hat, dem bietet sich im Rückblick als Hintergrund seines Daseins nur eine einzige, ungebrochene Kontinuität an: die des Kalenders mit seinen eintönig wiederkehrenden Zahlen der Wochen und Monate, Wochen- und Sonn- und Festtagen, mit roter Farbe gedruckt und gültig in aller Welt.

Am 12. Dezember 1909 wurde ich in Freienwalde an der Oder geboren, als das dritte Kind meiner jüdischen Eltern. Das erste, ein Junge, starb kurz nach der Geburt, wahrscheinlich durch einen Kunstfehler des Arztes. Die Schlingen der Nabelschnur engten den Hals des Neugeborenen ein und erstickten das Kind. Im Januar 1907 kam meine Schwester Hilde zur Welt.

Mit der Veränderung der Persönlichkeit ändert sich auch die Qualität der Erinnerung. Dieser Satz – ich fand ihn in dem Lehrbuch *Psychiatrie der Verfolg-*

ten meiner deutschen Kollegen von Baeyer, Häfner und Kisker – sollte am Anfang jedweden Erinnerungsberichtes stehen, aber gewiss am Anfang eines, wie ich ihn zu schreiben gedenke.

Es sind nicht nur die Erlebnisse und Schrecknisse der Kinderstube – es ist das Zeitalter, das mein Leben geprägt hat. Man muss erkennen, was man überwinden und beschreiben will. Der Umstand meiner Geburt als Jude im wilhelminischen Deutschland, rund fünf Jahre vor dem Ausbruch des Ersten Weltkrieges in einem kleinen, im Oderbruch gelegenen Kreisstädtchen der Mark Brandenburg, einst des Heiligen Römischen Reiches Deutscher Nation Streusandbüchse – mein Leben als Kind und Adoleszent unheilvoll verwoben in die Zeitläufte jener und auch der folgenden Jahre, der Inflation, der Fememorde und der *Fridericus-Rex*-Filme, für die einen »herrliche Zeiten« und Jahre des Aufbruchs, für andere, wenigere wie für mich und meine Angehörigen und Freunde letzthin Katastrophen – alles dies scheint mir erwähnenswert.

Mein Leben und meine Erinnerungen sind verätzt von den Schwaden der Zerstörung. Auch diese Aufzeichnungen, selbst dort, wo es sich um freundlichere, beglückende Erlebnisse handelt, deren man sich tröstlich erinnert, sind durchtränkt von bitteren

Erfahrungen, unersetzlichen Verlusten und Abschieden, freiwilligen und ungewollten, zwei Weltkriegen. Ich habe als Kind Ausbruch und Ende des Ersten Weltkrieges und 1918, mit dessen Verlust, Zusammenbruch und Untergang des Kaiserreiches erlebt, die politischen und wirtschaftlichen Nachkriegswirren der Weimarer Republik, denen nicht nur die rein materielle Existenz meines Vaters erlag. Ich habe als Adoleszent die Zeit des emporkommenden und die Macht ergreifenden Nationalsozialismus, den Anbeginn der staatlich organisierten Judenverfolgung in Deutschland und das Ende des Rechtsstaates erlebt und schließlich auch die Vernichtung der jüdischen Gemeinschaft in den Niederlanden, wohin ich 1936 flüchtete.

Nicht die zeitliche Folge allein wird die Ereignisse zu einem Bild fügen, vielmehr die innerliche Verknüpfung der Gedanken und Empfindungen. Aber der Kern ist die unverbrüchliche Verbindung, die es zu verstehen gilt, von persönlichem Schicksal und den Einflüssen des Zeitgeschehens, von Gewalt und oft misslungenem Widerstand, ist das Wiederaufrufen von Bildern, ist ihr unverzagtes, unaufhaltsames Gegenüberstellen, wie es nur in demjenigen entsteht, der sich ohne Scheu ganz seinen Einfällen überlässt, um auf diese Weise zu der Wahrheit seines Lebens zu gelangen, das er erzählen will. Es werden eher Andeutungen, Anspielungen sein; Versuche, neben der äußeren auch die innere Lage des Ortes zu bestimmen, an dem ich mich gerade befand.

Erinnern heißt auch gedenken. Es wäre mir unmöglich, über meine Eltern, meine Kindheit, Freunde und auch Feinde und vor allem über die Zeit, da ich in Freienwalde zur Schule ging, meine ersten Schreibversuche unternahm, in Berlin lebte und studierte, unbefangen zu berichten, ohne der Umstände meiner Vertreibung davor und danach und auch meines Überlebens im Versteck zu gedenken. Alles hätte auch anders ablaufen können.

Zu diesen Umständen gehören auch die Jahre in den Niederlanden, vor, während und nach der feindlichen Besetzung, die Wiederaufnahme des ärztlichen Studiums in Amsterdam und der literarischen Bemühungen, meine Arbeit mit den jüdischen Kindern, die durch die Shoa zu Waisen geworden waren und in deren Betreuung ich mein eigenes Verwaistsein durchlebte. Dazu gehört aber vor allem auch das Leben mit meiner ersten, von Hause aus nichtjüdischen Frau, deren Impuls und Tatkraft ich das gemeinsame Ausweichen in das damals sicher erscheinende Holland verdanke, eine Illusion, wie sich alsbald erwies, aber doch ein Rettungsanker, stark und solide genug, um sich nach allem, dem Überwinden von Bedrohungen, Ängsten, aktuellen Gefahren, dank der mit unserem Kind gemeinsam erlebten Befreiung, in der Fremde endlich zu Hause zu fühlen.

Auch diese Aufzeichnungen schreibe ich in den Niederlanden, wo ich nach der Verfolgung für immer blieb.

2

Freienwalde war eine kleine, bescheidene Provinz- und Kreisstadt im Oderbruch, weithin sichtbar am Rande des unermesslichen Flachlandes, lang ausgestreckt zu Füßen einer Hügelkette. Es lag an einem verkümmerten Seitenarm der Oder, der als Kanal unweit des Bahndamms am östlichen Teil der Siedlungen seinen trägen Lauf nahm und am südlichen Ende versickerte. An beiden Ufern standen Fabriken und verschmutzten mit ihren Abfällen das an sich schon trübe Wasser. Vor unzähligen Jahren, in sagenhaften Zeiten, schleppten gewaltige Eisschollen Schutt, Geröll, Erdmassen mit sich und lagerten sie hier ab, indem sie wie eine Zange die Ebene einzwängten. Heute wellen sich sanfte Hügel, bestanden von düsteren Tannen, schlanken Birken, herben Buchen, aus dem Boden kommen heilkräftige Wasser. Die Erde brachte sich selbst zum Geschenk.

Wo die Hügel allmählich in das Flachland abfielen, waren rundherum Tonziegeleien entstanden, vereinzelt traf man sie auch in der Ebene an, inmitten der Felder und Weideplätze, in der Nähe eines halbversandeten, eingetrockneten Teiches. Landwirtschaft und Industrie bestanden hier dicht nebeneinander, die Fabriken waren ein gewaltiger Konkurrent, sie zogen viele Menschen an, der Bauer musste sie ernähren. In diesem Landstrich gab es keinen großen Wohlstand, der Boden trug Kartoffeln, Roggen, Gerste und Rüben, unveränderlich seit vielen Jahren, gerade genug, um das tägliche Leben zu fristen. Der Arbeiter in der Fabrik hatte es da schon besser, er tat für die vorgeschriebene Zeit seine Arbeit, war nicht abhängig von Wind und Wetter, vielmehr von der Gunst seines Herrn und der Lage auf dem Arbeitsmarkt – aber das kam erst später hinzu, als es immer mehr bergab ging.

Öfter sah ich vier bis fünf Männer in gestreifter Kleidung, als hätten sie Pyjamas an, einen großen Karren mit Holzscheiten durch die Straßen schieben. Das waren, wie meine Eltern mir sagten, Männer, die dort im Gefängnis eine Strafe absaßen. Ich fand, es war schon eine Strafe, dass sich die Männer in dieser Kleidung auf der Straße präsentieren mussten. Ein Gedanke, der einige Verwirrung in mir auslöste.

Ungefähr zehn Kilometer gen Osten, am Fuße einer Hügelkette, bahnte sich der mächtige, breite Oderstrom seinen Weg durch den Talkessel. Über das

Wasser kam ein Gewitter herüber. Die Wolken standen drohend am Himmel, zu unheimlicher Schwärze geballt. Der Regen fiel ohne Unterlass. Nach vier Tagen strahlte der Himmel blau. Das Wasser strömte durch die Rinnsteine der Stadt, putzte die verschmutzten Straßen sauber und unsere nackten Füße, die wir am Rande der Bürgersteige in die reißenden Wässer hielten. Zu Zeiten der Schneeschmelze stieg das Wasser in der Oder, überflutete die Deiche und das Brachland und kam bis an die Tore der Stadt. Das Vieh, Kühe, Pferde und Schafe, war wieder in den Ställen, die Weidelande standen blank. Auch das Wasser hatte viele Gesichter.

Der Nähe des Flusses verdankte das Städtchen die Zufügung »an der Oder«. Und erst in den zwanziger Jahren erhielt es, seiner Moorbäder und heilenden Quellen wegen, den Titel »Bad«, eine Auszeichnung, wie die Bürger meinten, so dass ein jeder, auch ich, nicht ohne einen gewissen Stolz den Namen von jetzt an in voller Glorie aussprach: »Bad Freienwalde an der Oder.« Außerdem verbürgte die neue Titulatur mit der gesetzlichen Einführung der Kurtaxe eine gerüttelte Erhöhung der Preise für die Gäste des Kurbetriebes.

Da war der Kurpark, bestellt mit wetterfesten Stühlen und Tischen unter dem nur notdürftig schützenden Laubdach alter Kastanien. An der einen Seite des Parks die überdeckte Terrasse des Hotels, zu der eine breite steinerne Treppe hinaufführte. Oben stand, in seinem Stresemann, der Direktor oder Inhaber des Hotelbetriebes – ganz schlau wurde man nie, wem das alles nun eigentlich gehörte –, überschaute mit sympathisch-kritischem Blick das Gehen und Treiben von Gästen und Kellnern, das spannende Zusammenspiel von Wunsch und Erfüllung, Durst und Bier, süßer Gier und Kuchen, und verschwand wieder.

Ein anderes harmonisches Zusammenspiel vollzog sich weiter oben in dem offenen Rundbau der Kurkapelle. Da saßen oder standen die Geiger, Cellisten und Kontrabassisten, die Holz- und Blechbläser, Trommler und Paukisten. Es war die Stadtpfeife, die da musizierte, und sie musizierten wahrlich nicht schlecht. An Wochentagen nur in einer kleineren Besetzung, aber an Sonn- oder Festtagen saßen sie gedrängt, Pult an Pult, und spielten ihr Programm, das in einem Holzkästchen vorne am Geländer aufgehängt war. Dahinter stand, sichtbar erhöht, der Dirigent, der Leiter der Stadtpfeife, Herr Beug, ein selbstbewusster, schmächtiger Mann, ein Musikant in vielen Gassen, auf Hochzeiten, Begräbnissen, Turner- und Tanzfesten in der Stadt oder in den Dörfern rundherum. Er marschierte am Kopf seiner Kapelle, in Uniform, versteht sich, durch die Straßen der Stadt, und wir Kinder begleiteten ihn im Gleichschritt oder lauschten mit Bewunderung den gefälligen Weisen im Kurpark. Er erfüllte ein Bedürfnis, und er erfüllte es, wie man sagte, gut. Vor allem die bei ihm in der Stadtpfeife ausgebildeten Bläser, Trompeter, Posaunisten und was man die Humpabläser nennt, hatten, wenn sie die Stadtpfeife verließen, in den angesehenen Kapellen des Landes ein gutes Auskommen.

Unmittelbar an den Rundbau der Kurkapelle schlossen sich die überdeckten, mit Blumen verzierten Wandelgänge an, die Kurhallen. Hier befand sich ein unermüdlich Wasser spendender Brunnen, als sprudele er aus einer unerschöpflichen Wasserader sein heilbringendes Nass. Fortan sah man jedes Jahr eine wachsende Zahl von älteren Damen und Herren, gewichtig und mit Ernst, bei den ermunternden Klängen der städtischen Kurkapelle, aus Gläsern vermittels gläserner Röhrchen das genesende Wasser schlürfen und aller Welt kundtun, dass man zu einer von den Kassen anerkannten Kur weile, von der man sich Heilung versprach. Auch ich habe einmal aus heimlicher Neugier das Wasser getrunken. Es schmeckte abscheulich, und ich ließ es sein. Im Anschluss an die Wandelgänge lagen im hinteren Teil des Kurparks, umsäumt von Blumenbeeten, die medizinischen Gebäude für die ärztliche Betreuung, die Moorbäder und Untersuchungsräume mit den für damalige Zeiten modernen orthopädischen Apparaten.

Das Brunnental, umgeben von einer bewaldeten Hügelkette, in der Mitte das Kurhotel und auf den höher liegenden Seitenrändern schmale Gästehäuser, zu denen leicht ersteigbare Pfade hinaufführten – denn jede Strapaze musste den jeweiligen Patienten, den in ihren motorischen Funktionen behinderten Kurgästen, ja erspart bleiben –, das Brunnental war das sonntägliche Ziel der Bürger des Ortes und vieler Besucher aus der Umgebung und selbst aus Berlin. Sie kamen in imposanten Autos, die sie, unter der Obhut eines livrierten Wächters, auf den hierfür angewiesenen Parkplätzen am Eingang des Kurgartens stehenließen, und wir Kinder liefen dort herum und bestaunten die Gefährte und versuchten, uns die Namen der Firmenmarken einzuprägen, als gelte es Zeittafeln für den Geschichtsunterricht zu lernen.

Auch viele jüdische Gäste kamen mit ihren Autos nach Freienwalde, hauptsächlich aus Berlin. Einmal hörte ich meine Mutter den Vater fragen, was wohl der Herr Direktor oder Inhaber des Betriebes von diesen Gästen halte. Es war deutlich, dass sie selbst Schwierigkeiten hatte mit ihren Glaubensgenossen, die begütert waren und das ohne Umstände zur Schau trugen. Sie wusste, dass die Zahl der jüdischen Habenichtse, die man nicht sah und auch nicht sehen wollte, viel größer war. Mein Vater, Max, saß mit uns an einem Tisch im Park, rauchte seine Zigarre, vor sich ein Glas Bier. Er zuckte seine Achseln und hob sacht seine Hände, als wolle er sagen: »Was fragst du mich? Was soll er denken? Irgendwas wird er sich schon denken.« Dann nahm er einen Zug aus seiner Zigarre, blies den Rauch in den beschatteten Himmel, nippte an seinem Bier und sagte: »Lasst uns gehen. Ich werde zahlen.« Er rief den Kellner, wir gingen.

3

Die Synagoge in Freienwalde war ein kleines, weiß getünchtes und unscheinbares Gebäude, äußerlich nicht als Tempel zu erkennen. Sie lag in der Fischerstraße, die von der Bahnhofstraße in einem Bogen über holpriges Kopfsteinpflaster, umsäumt von niedrigen Wohnhäusern, zur Königstraße führte. Von der Königstraße führte die »Judentreppe« zur Fischerstraße, entlang am Synagogengarten, hinunter zum Eingang.

Von der Empore, auf der die Frauen saßen, konnte man direkt hinaus in den Garten gehen. Am Jom Kippur zum Beispiel, dem Versöhnungstag, saßen Männer und Frauen zuweilen auf den Bänken im Garten, um sich von den Anstrengungen des Gottesdienstes zu erholen, der den ganzen Tag dauerte. Wir Kinder wurden besonders von den Weintrauben angezogen, die an den Außenmauern der Synagoge gereift waren. Bewusst das Fastengebot überschreitend, naschten wir von den grünen Trauben, wenn die Erwachsenen sich wieder dem Gottesdienst zugewandt hatten. Die Trauben waren eigentlich noch ziemlich sauer, wurden aber durch das Übertreten des Verbotes versüßt.

Meine Mutter hatte viele Rezepte, um den Spargel schmackhaft zu bereiten: mit Eiern, Schinken, brauner Butter oder zum Rinderbraten. (Wir aßen zu Hause zwar Schinken, aber sonst kein Schweinefleisch.) In den ersten Jahren ihrer Ehe führten meine Eltern einen orthodoxen Haushalt: Es wurde streng unterschieden zwischen milchigen und fleischernen Essenswaren, wie es die rituellen Speisegesetze vorschreiben. Dass diese Lebensführung dann aufgegeben wurde, erklärten meine Eltern damit, dass man sie in der Provinzstadt schwer habe durchhalten können. Mein Vater brachte zuweilen, wenn er in Berlin zu Einkäufen war, koschere Fleischwaren als Trost nach Freienwalde mit.

Mit den Jahren wurde mir, zuerst im religiösen Bereich, nicht nur die andersartige Lebensform von uns Juden bewusst, sondern auch die zahlenmäßig so unvergleichlich geringe Größe unserer Gemeinschaft. »Unsere Kille« – das hebräische Wort »Kehilla« bezeichnete die religiöse Tempelgruppe, die sich zu unseren Festtagen in der unauffälligen Synagoge in der Fischerstraße versammelte, einer Gegend mit einstöckigen kleinen Mietshäusern, in denen Arbeiter wohnten –, »unsere Kille ist klein«, sagte meine Mutter. Mein Vater nickte zustimmend. Zu den hohen Festtagen schloss er sein Geschäft und ging, im schwarzen Anzug und mit einem Zylinder, zum Gottesdienst. Aber seine jüdische Erziehung war im Vergleich zu der meiner Mutter äußerst gering. Er konnte nur mit Mühe die hebräischen Texte der allfälligen Gebete lesen. Meine Mutter soufflierte ihm oft die Worte.

Als ich 1915 eingeschult wurde, war mein Vater noch nicht zum Wehrdienst eingezogen. Er hat es noch erlebt, dass meine erste Klassenlehrerin in unser Geschäft kam und meinen Eltern von der tiefen Betroffenheit berichtete, die mich befallen habe, als sie vor der Klasse die Geschichte vom Verrat des Judas und von Jesu Tod erzählte. Sie bat meine Eltern, mich taufen zu lassen. Meine Eltern lehnten ab.

Der Chazan Trachtmann wohnte irgendwo in der Nähe der Synagoge und war bei der jüdischen Gemeinde angestellt. Er gab uns in einem Klassenlokal der Volksschule einmal in der Woche nachmittags Religionsunterricht, der hauptsächlich dem Erlernen der hebräischen Buchstaben und dem Lesen hebräischer Gebete gewidmet war. Manchmal war ich der einzige Schüler.

Der Kantor der jüdischen Gemeinde in Angermünde war ein kleines, schmächtiges Männchen, das viel älter aussah, als es in Wirklichkeit war. »Uns' Kantorchen«, sagten unsere Verwandten. Ich lernte bei ihm die für die Bar-Mizwa notwendigen Gebete auf Hebräisch flott zu lesen. Aber von der Geschichte der Juden in der Diaspora habe ich nie etwas von ihm erfahren.

Die Feier der Bar-Mizwa fand 1922 oder 1923 in der Freienwalder Synagoge statt. Der ganze Vorgang ergriff mich sehr. Nach der Einsegnung im Tempel ging ich in Tränen hinauf auf die Empore, wo meine Mutter im Kreise der anderen Damen saß. Ich umarmte und küsste sie und sah auch ihre Tränen. Aber ihre Ergriffenheit war eine andere als meine. Ich hatte eine Woche davor alle meine religiösen Zweifel in unmissverständlichen Worten zu Papier gebracht und fühlte mich jetzt sehr schuldig. Auch die Festlichkeiten, die meine Eltern zu Hause bereitet hatten und die vielen Geschenke, die ich bekam, die Glückwünsche von jüdischen und nichtjüdischen Bekannten meiner Eltern (übrigens bezeichnenderweise nicht meiner Mitschüler oder Lehrer), die Anwesenheit von Verwandten aus Hamburg und Berlin, verstärkten nur meine Unsicherheit und Aufgeregtheit. Ich weiß noch, dass meine Cousine Eva aus Hamburg, viel jünger als ich, zu mir sagte: »Tu doch nicht so unangenehm.«

Erst anlässlich meiner Bar-Mizwa lernte ich meinen Hamburger Onkel, meine Tante und meine Nichte kennen. Ich verdanke ihm meine Berufswahl und finanzielle Unterstützung meines Studiums.

Seit dieser Zeit war ich, was man einen Minjemann nennt: Um die Thora im Gottesdienst zu lesen, müssen zehn Männer anwesend sein; dann konnte man, auch als Dreizehnjähriger, der erforderliche zehnte Mann sein.

Als ich dann in der Klasse erzählte, welche Bücher ich geschenkt bekommen hatte (unter anderem die *Deutsche Literaturgeschichte* von Richard Moritz Meyer und einen Roman von Mereschkowski), fragte mich niemand nach dem Anlass. Ich hatte es wohlweislich auch nicht erzählt. Vielleicht war dies der Beginn meiner Einsicht in die Befindlichkeit der Diaspora.

Wesentlich für meine Bewusstwerdung wurde die Bekanntschaft mit zwei jüdischen Jungen aus Berlin, älter als ich, Neffen von Frau Jakobsohn aus Freienwalde. Sie waren Mitglieder der zionistischen Jugendbewegung Blau-Weiß und erzählten mir von ihrem Leben in dieser Vereinigung. Es war ein völlig neuer Blick auf die Geschichte und die Umstände, unter denen die jüdische Minderheit seit der Zerstörung des Tempels verstreut über den Erdball gelebt hatte. Dass es schon in früheren Zeiten, zur Zeit des

Königs David, eine Diaspora gegeben hatte, etwa in Ägypten, erfuhr ich erst sehr viel später. Aber seit dieser Bekanntschaft hat das Paradox in mir Fuß gefasst, dass man auch in der Fremde zu Hause sein kann.

Viel später, 1935 oder 1936, erfuhr ich bei der Lektüre des im Schocken-Verlag erschienenen Buches von Gerhard Scholem über die jüdische Mystik, dass jedes Sein ein Sein in der Fremde ist.

4

Es waren nicht persönlich erfahrene Attacken und Verunglimpfungen, die in meine Kinderwelt eindrangen und sie verunstalteten. Es war das Allgemeine, Atmosphärische, in oft schwer zu erfassenden Sinnzusammenhängen.

Eines Tages erschien im Straßenbild von Freienwalde ein Mann, Ende zwanzig, mit einer Löwenmähne und kurzen Hosen. Er war ein Steinmetz aus Oberschlesien und suchte Bekanntschaft mit jungen Leuten. Auch mit mir, ich war damals dreizehn oder vierzehn, versuchte er Kontakt zu knüpfen. Ich sah, wenn er auf der anderen Straßenseite ging, wie er deutlich zu mir herübersah und mich grüßte und mir zuwinkte. Ich wusste nicht, wer er war.

In Freienwalde gab es einen Handwerkerverein. Dort versuchte man, das karge kulturelle Leben mit Vorträgen und musikalischen Veranstaltungen etwas zu beleben. Eines Tages ging ich mit meiner Mutter zu einem solchen Vortrag. Da erhob sich in der

Pause, im Hintergrund, oben am Saaleingang, ein Gebrüll, aus dem die Worte »Deutschland erwache! Juda verrecke!« zu hören waren. Inmitten einer Gruppe von jungen Schreihälsen erblickte ich den Steinmetzen, der sie anfeuerte. Und obwohl ich diesen Ruf noch nie vorher gehört hatte, wurde mir schlagartig deutlich, was sich hier anbahnte.

Das Publikum empfand es als eine komische Einlage und lachte. Meine Mutter schaute mich ernst an, als wollte sie sagen: Da siehste. Für die mehr oder weniger unterschwelligen judenfeindlichen Gefühle der Freienwalder bedurfte es offenbar eines solchen Mannes, um als Antisemitismus zu erwachen.

Die Zeitungsberichte über den Hitler-Putsch in München und den sich anschließenden Prozess eröffneten die Diskussion mit meinem Vater über das, was sich in Deutschland abspielte. Es war das erste Mal, dass mein Vater sich einem politischen Gespräch mit mir nicht verschloss. Vielleicht fand er mich jetzt erwachsen genug. Er blieb in diesen Gesprächen ruhig und gefasst. Er erklärte mir, wie sich durch den verlorenen Krieg alle wirtschaftlichen, sozialen und politischen Probleme verschärften. Die Fememorde sah er als beunruhigende Anzeichen.

»Köpfe werden rollen – was heißt das?«, fragte ich einmal meinen Vater. Er saß versteckt hinter seiner

Ladenkasse, im Schatten der Rückwand eines der Schaufenster. Ich hatte diesen Satz, eine Äußerung von Hitler, in einem Zeitungsbericht über den Prozess anlässlich des Putschversuchs in München gelesen. Mein Vater stand auf, sah mich an und fuhr mit der flachen Hand über seine Kehle. »So«, sagte er. In meiner Erinnerung war das das erste Mal, dass mein Vater, der ja als Soldat den Ersten Weltkrieg überlebt, aber nicht darüber gesprochen hatte, mir etwas andeutete, das mit Töten zu tun hatte.

5

In Freienwalde waren wie in vielen brandenburgischen Städten seit 1674 Juden ansässig gewesen. Das Privileg des Kurfürsten vom 21. Mai 1671 gewährte ihnen nach einer Vertreibung von hundert Jahren die erneute Ansiedlung in der Mark Brandenburg. Der erste »amtliche« Schutzjude in Freienwalde hieß Isaac Levy, sein Schutzbrief datiert aus den Jahren 1671 und 1674. Zudem erhielt er eine Konzession zum Wollhandel. 1688 waren es bereits vier Schutzjuden, zwei mit Familien, Marcus Lehmann und Moses Marcus, die beiden anderen waren ledig. Die Freienwalder Bürgerschaft war mit dem kurfürstlichen Edikt und seinen Folgen nicht einverstanden.

Am 8. Juni 1688 berichteten sie an Kurfürst Friedrich III., »wie die Juden sich bisher verhalten und ob es der Stadt und den Gemeinen besten zuträglich oder schädlich, die Juden hier geduldet werden und lenger bleiben möchten«. Bisher, so heißt es in ihrem Brief, hätten die Freienwalder Bürger es immer verhindert, wenn Juden in ihrer Stadt ansässig werden wollten.

»Als aber Von Ew. Churf. Gnaden Höchstgeliebten Herrn Vater, höchstseligen Andenkens denen Juden ein Geleitsbrieff ertheilet, mussten wir es geschehen lassen. Nun ist es männiglichen bekannt, dass die Juden ihrer angebohrenen Unart nach, Feinde seyen unseres Erlösers und Seligmachers, und daher folglich denen Christen nichts als Fluchen und Böses wünschen.« Und weiter: »Besteht der Juden Handtirung darin, dass sie vor sich nichts arbeiten, sondern nur bloss durch Schachern und Wucher Von den Christen sich nehmen. wie Sie dann frey sagen, ihro profession es also mitbringe. Geschieht es oftmals mit nicht geringem Ergernus, da die Vorigen als Marcus Lehmann sein Hauss nechst an unser Kirchen hat, dass Zeit wehrenden Unseren Gottesdienstes durch Schreien und anderen Unfug Sie uns beunruhigen. Dass Zwischen den Christen und Juden vielmals Streit und Zanck, welcher mit nicht geringem Verdruss bey dem Churf. Ambte oder Magistrat gehöret werden muss. Das Meiste auch ist, dass alles, was etwan in ausser der Stadt gestohlen wird, nirgends als an die Juden kompt, wie dann ... Gold, ganze Stücken Tücher, Leinen, Geräthe etc. an diesen Marcus Lehmann gebracht werden. Und wie oberwehnet, etliche Centner Glocken Guht so aus der armen Gerstorflichen Kirche. Vor 3 Jahren gestohlen, an Michel Hirschen gebracht, welcher auch, da es ruchbar worden, heimlich deswegen müssen davonlaufen. Der Pauer der es Ihm Zugebracht, Ist eben seiner Herrschaft untreu worden und ist weggelaufen.«

Das Schreiben endete mit den folgenden Bitten: »Und wollen wir, wenn Ew. Churf. Gnaden und die hohe Gnade Zuthun gnädigst geruheten, sehr gerne sehen, dass zu Freyenwalde kein Jude mehr sesshafft wehre.«

6

Viele Wege führten aus Freienwalde durch Mischwälder und über sanfte Hügel zu Gaststätten in den umliegenden Dörfern und zum Baasee, einem stehenden Gewässer in einer sonst wasserarmen Umgebung, Spaziergänge für uns, als wir noch nicht lauftüchtig, Wanderungen, die wir, als wir älter und kräftiger waren, im Sommer zuweilen auch mit Freunden unternahmen. Wir Kinder liefen dann voraus, suchten an den Seitenstreifen Beeren, liefen zurück zu den Eltern, zeigten ihnen unsere Lese, eilten wieder davon, während sie in ihrem ruhigen, gleichmäßigen Tempo plaudernd ihren Weg fortsetzten.

Worüber sich meine Eltern unterhielten, weiß ich nicht. Damals meinten sie noch, ihre Sorgen meistern zu können. Aber selbst wenn sie schweigend, ein jeder seinen Gedanken nachsinnend, nebeneinander liefen und mein Vater, mit seinem Wanderstock weit ausholend, halbrunde Kreise im Sande zog, boten sie das Bild einer Einheit, die selbst der Tod nicht scheiden sollte.

Ihr Leben wurde gemeinsam in Birkenau beendet.

7

Die Landschaft, in der man geboren und aufgewachsen ist, kann man nicht hassen. Sie erscheint wieder in Träumen – die Landschaft der Träume ist die Landschaft der Kindheit, sie ist der Fluss, auf dessen zugefrorener Hälfte, die andere blieb für die Schifffahrt offen, wir des Winters, nicht ohne Gefahr, weit hinaus ins Bruch Schlittschuh liefen, sie ist die Seen, zu denen wir, ja wir: Schulkameraden, Freunde und ich, auch wenn sich viele von ihnen den Anforderungen, Verführungen im Laufe der Zeiten als nicht gewachsen erwiesen, im Sommer radelten, um das kühle Wasser an dem erhitzten, nackten Körper wohlig zu fühlen, und da sind Wälder und Wiesen, die wir, meine Schwester und ich, mit unseren Eltern und deren Freunden durchwanderten, Ferien an der Ostsee, im Riesengebirge, im Harz – alle, alle sündhaft unschuldig in ihrer bildhaften Sprachlosigkeit. Warum sind mir die Winter so unvergesslich?

Wenn es fror, banden wir unten am Kanal unsere

Schlittschuhe unter und liefen, den schneidenden Winden preisgegeben, jedoch durch warme Kleider und Mützen beschirmt, hinaus auf den großen Oderstrom, der sich erst nach einigen Kilometern, umsäumt von in Kälte erstarrten Weidelandschaften, seinen Weg hinauf nach Stettin bahnte. Weiter als bis Bralitz oder Oderberg wagten wir uns nicht, mein Freund Fritz und ich. Die eine Seite des Flusses wurde durch eine breite Fahrrinne für die Schifffahrt offen gehalten. Auf der anderen, dicht am Uferrand, liefen wir unter dem Winterhimmel auf Spiegeleis dem Abenteuer entgegen. Unseren Eltern verschwiegen wir unser Unternehmen. Zu Hause warteten Bratäpfel in der Ofenröhre und heiße Milch auf den ermüdeten Heimkehrer, und noch nicht vollbrachte Hausaufgaben.

In unserem Städtchen gab es draußen am Papenteich, zu Anfang des Brunnentales, noch eine Gelegenheit, wo man Schlittschuh laufen konnte. Das war jedoch eine völlig andere Art des Eislaufes. Man drehte ohne Unterlass seine Runden, im respektvollen Abstand vom Rande des Teiches, oft im Sausewind durch eine Ansammlung geruhsamer Läufer, die aufgescheucht wurden, als trainierte man für irgendeine Meisterschaft, den Oberkörper weit vorgebeugt, die Arme auf dem Rücken verschränkt, um dem Gegenwind keine Chance zu bieten, nur in den Kurven löste man den Außenarm und schwang ihn wie ein Pendel, vielleicht wurde man doch gesehen von einer, von der man gerne gesehen werden wollte. Jedoch beim gleitenden Übersetzen des äußeren Beines in den schärferen Kurven, ohne an Schnelligkeit einzubüßen, konnte es geschehen, dass man, auch wenn die eisernen Laufschienen fest an den Lederschuhen zu einer Einheit vernietet waren, das Gleichgewicht verlor, sich mit den Füßen verhedderte und hinfiel, mitten zu Füßen derjenigen, der man eigentlich nicht auf diese Weise zu Füßen liegen wollte. Dann war alles aus, und man musste wieder von vorne beginnen.

Oder man übte sich im Kunstlauf, zeigte seine Pirouetten, forderte, wenn man genug Mut besaß, eine der Damen zum Tanze auf, tanzte zu den Klängen der Musik eines Grammophons, schmucke Paare im Eislaufkostüm, Männer und Frauen, einzeln und in Paaren. Das Publikum, das hierherkam, um sich zu ergötzen, war von anderer Art als unten auf dem Kanal. Auch den Adoleszenten zog es mit den Jahren stärker zum Papenteich. Und da war so manche, der ich gerne meine Künste gezeigt hätte. Aber damit begann damals schon das Problem der Wahl. Es gab in unserer Gemeinde keine jüdischen Mädchen in den passenden Altersstufen. Und bei anderen Mädchen machten sich bereits die ersten Hemmungen bemerkbar.

Je einladender das Eislaufen war, desto dräuender wurden die Vorwarnungen der Schulzeugnisse. Mal war es Latein, ein andermal die Mathematik, zu denen Extrastunden beigesteuert werden mussten. Mit der Hilfe von willigen Fachlehrern und meiner Schwester, die sich diese Gelegenheit nicht entgehen ließ, ihre eigene Überlegenheit zu beweisen, lief alles noch glimpflich ab. Ich brauchte keine Klasse zu wiederholen.

Im Es-war-einmal der Erinnerung gibt es hellere und dunklere Spuren unter drohendem Gewölk. Die Sängerfahrten des Schulchors unter dem unvergesslichen, begeisternden Edgar Rabsch in Dörfer und Städte der Umgebung. »Das ist der neue Organist der Nikolaikirche«, sagte meine Mutter und wies auf einen langen, schlanken, eine Hornbrille tragenden Mann, Mitte dreißig, mit rundem Hut und schlaksigen, flatternden Bewegungen, unter dem Arm eine volle Aktenmappe, auf dem Weg zur Kirche. Es war an einem Sonntag im Mai, wir standen auf dem Balkon und sahen dem Kirchgang zu. Rabsch unterhielt sich, mit ausfahrenden Bewegungen und laut lachend, mit seinen Begleitern. Er wurde Musiklehrer an unserem Gymnasium. Er brachte die Musik in unser Städtchen und in mein Leben.

Eines Tages erschien er im Geschäft meines Vaters und fragte meine Eltern, ob es ihnen genehm sei, wenn ich unter seiner Leitung an Konzerten in der benachbarten protestantischen Kirche, auch während der Gottesdienste, im Chor mitsänge. Rabsch gehört zu den fünf bis zehn Einwohnern Ninives meiner Wahl. Hindemith hat für ihn Schulmusik geschrieben. Meine Eltern, kleine Geschäftsleute, führten ihr ehrbares, von äußeren Zwängen bedrohtes Leben, liberal gelöst von der jüdischen Orthodoxie, im Bewusstsein ihrer inneren und äußeren Zugehörigkeit zur gleichgestimmten Gruppe, der sie entstammten, und zugleich im Geiste der Maxime »Der gestirnte Himmel über mir und das moralische Gesetz in mir«, obwohl sie Kant nie gelesen haben. Sie hatten keine Einwände gegen meine Teilnahme.

Und dann die dunklen Spuren. Dem Nachfolger von Rabsch fehlten dessen Inspiration und Ausstrahlung. Hilflos gegenüber Unmut und mittäglicher Müdigkeit der Schüler bemerkte er einmal, er komme sich vor wie in einer »Judenschule«. Es war einer der drei jüdischen Schüler in dem ungefähr vierzig Schüler zählenden Chor, der protestierte. Gereizt erwiderte der Lehrer, mit Juden wolle er nichts zu tun haben. Wenn Juden anwesend seien, sollten sie den Raum verlassen. Wir drei verließen die Aula.

Auf Vermittlung des Direktors entschuldigte sich der Lehrer später bei uns. Schließlich wurde der Musikunterricht abgeschafft, und der Lehrer verließ sang- und klanglos die Schule. Aber hier beginnt in meiner Erinnerung der langsame Wandel.

8

Am Anfang der Straßenschlange, die unten vom Bahnhof sanft aufsteigend als Bahnhofstraße in der Nähe des Marktes in die kurz bemessene Marktstraße übergeht, sich in einer eleganten Kurve, mit Kopfsteinpflaster, als Königstraße durch das ganze Städtchen und unter anderen Namen hinaus bis ins Brunnental windet, hier gegenüber dem Rathaus und dem Marktplatz, mit dem Blick auf die Nikolaikirche und das Landratsamt, stand das Hauptgeschäft meines Vaters. Hier verkaufte er alles selbst, ungefähr zweihundert Meter weiter besaß er ein Putz- und Modegeschäft, dem ein Fräulein Wolf vorstand.

Ich ging gerne des Öfteren und ohne Begleitung in den oberen mit Spiegeln ausgestatteten Laden, er war weiß getüncht, in den Regalen prangten auf kleinen, weißen Holzständern bereits fertige Modelle, als Angebot, zum Aussuchen der begierigen Kundinnen, lagen Handschuhe und modische Shawls dem Zugriff bereit. Die Räume, durchzogen von einem dem Kinde unbekannten geheimen Parfüm, hatten ein helleres, freundlicheres Aussehen als die des Hauptgeschäftes, wo es nach Seife und Schweiß und im Winter, wenn der eiserne Ofen brannte, nach Koks roch. Hier oben war das Reich von Fräulein Wolf, der Direktrice des Geschäftes. Sie war ein putziges Persönchen, ich besuchte sie gerne, eine immer unauffällig elegant gekleidete und vornehm frisierte ältere Dame von kleiner Postur, durchaus den Erwartungen des Anstandes entsprechend, mit denen die Kundinnen den Laden betraten. Sie hatte eine entgegenkommende, aber trotzdem unaufdringliche, distanzierte Haltung, als hätte sie früher in einem Putzgeschäft in der Wiege gelegen. Die sich leicht andeutenden Hängebäckchen verliehen ihrem Gesicht eine gewisse Behäbigkeit. Ob sie auch einen Vornamen besaß, ist mir immer verborgen geblieben, sie hieß nur »Fräulein Wolf«. Aber gewiss hatte sie auch einen. Ich erinnere mich, dass meine Eltern sie einmal in unserer Wohnung zu einem Glas Tee empfingen. Aber Fräulein Wolf verharrte auch hier in der Haltung, als erwarte sie jeden Augenblick den Eintritt einer notablen Kundin. Sie saß mit einem Lehrmädchen in einem kleinen Stübchen hinter dem Verkaufssalon und fertigte für die feinere Damenkundschaft des Städtchens, nach langwierigen

Vorbesprechungen und der damaligen Mode entsprechend, Hüte an, wundersame Kopfbedeckungen, mit herabzulassenden, durchsichtigen Schleiern und mit Kunstblumen verzierte Rundmodelle oder weiter ausgreifende Formen mit Mund, Augen und Nase beschattender Krempe, je nach Geschmack der jeweiligen Kundin, ihrem Antlitz den Rahmen bietend, der ihren Vorstellungen von Schönheit und vorteilhafter Darstellung zur Zeit entsprach. Das Putzgeschäft verlieh meinen Eltern ein gewisses Prestige, obgleich es nicht das einzige dieser Art im Städtchen war. Es passte in die verschwiegene Rivalität der bestehenden Verhältnisse, da beinahe jeder Geschäftsmann seine Kunden kannte und eine Art verstohlener Kontrolle über ihr Treueverhalten ausübte.

An unseren hohen Feiertagen, die meistens zwei Tage dauerten, schloss mein Vater, wie auch die übrigen es taten, sein Geschäft. Erst in den späteren Jahren begann er am Nachmittag, nach dem vormittäglichen Synagogendienst, sein Geschäft wieder zu öffnen, die Einnahmeausfälle wurden schwerer.

Auf den Straßen grüßten uns viele, die uns kannten, und wünschten uns gute Feiertage. Es bestand ein Einvernehmen ohne die geringsten Anzeichen eines späteren Wandels. Auch die Schuljahre in der

Mittelstufe des Gymnasiums teilen den Hauch der friedlichen Erinnerungen.

Dann gingen wir mit unseren Eltern spazieren, hinaus ins Brunnental. Die Saison war schon vorüber. Auch die Kurkapelle hatte bereits ihre Nachmittagskonzerte beendet. Im halbleeren Kurgarten trafen wir andere jüdische Familien. Die bewaldeten Hügel, in die der Kurgarten eingebettet war, zeigten bereits die ersten herbstlichen Farben. Es war ein friedlicher, entspannter Tag. Und langsam kehrten wir wieder heim.

9

»Mein Vater ist ein kleines Mannche« – mein Vater kam aus Ostpreußen, ich hörte ihn zuweilen, wenn er gut aufgelegt war, nur die erste Zeile dieses Liedchens singen, den Rest kannte er wahrscheinlich nicht mehr. Es war das einzige Mal, dass er den etwas breiten ostpreußischen Dialekt gebrauchte. Sonst sprach er, in einer anheimelnd baritonalen Stimmlage, ein reines, fleckenloses Hochdeutsch. Er hatte eine leise, zaghafte Stimme, wenn er sang, als wagte er nicht, seinen Atem und seine Stimmbänder zu gebrauchen, um sich hören zu lassen. Und so war auch sein Wesen, vorsichtig, ängstlich und sparsam im Ausdruck seiner Empfindungen.

Sein Vater, als Prokurist einer Holzfirma weitgereist und weltgewandt, entstammte einer ursprünglich orthodox jüdischen Kaufmannsfamilie aus dem Russisch-Litauischen. Wenn er geschäftlich zu Schiff nach England ging, trug er einen Zylinder. Er selbst gab, wenn er auf Reisen war, die strengen religiösen

Speisegesetze bald auf, während seine Frau ihnen mit ihren Kindern weiterhin oblag. Er soll, wie mein Vater mir einmal im Vertrauen sagte, als handle es sich um ein Geheimnis besonderer Art, einer der ersten Sozialisten gewesen sein. Er starb früh, ich habe ihn nie gekannt. Sein Vater, mein Urgroßvater, ein Neunziger, sprach noch am Grabe seines Sohnes das Totengebet.

Über seine Kindheit ist mein Vater immer schweigsam gewesen. Er arbeitete als »junger Mann« in verschiedenen Textil- und Manufakturwaren-Geschäften, hauptsächlich in Mitteldeutschland, bevor er sich im Alter von achtundzwanzig Jahren in Freienwalde an der Oder selbständig machte und meine Mutter heiratete. Dass er Freienwalde als Wohnsitz wählte, muss ein Zufall gewesen sein.

Eigentlich weiß ich nicht viel von seinem früheren Leben, bevor er in Freienwalde sein Textilwarengeschäft eröffnete, nicht weit von dem Hauptgeschäft an der Königstraße entfernt. Er hat nicht viel erzählt, und ich habe ihn zu wenig gefragt.

»Gold und Silber lieb ich sehr, könnt es gut gebrauchen« war anscheinend sein Lieblingslied. Aber ich fand das Lied traurig, darum mochte ich es nicht. Dann saß er in dem Schaukelstuhl im Wohnzimmer, nahe der Tür, die auf den Balkon führte, rauchte eine

Zigarre, nahm sie aus dem Mund, hielt sie zwischen zwei Fingern seiner rechten Hand und verfolgte mit Behagen den Rauch, der sich in Ringen nach oben verflüchtigte. Ab und an brachte er den Stuhl in abgemessene, schaukelnde Bewegungen und schien mit seinem Los zufrieden zu sein. Aber was dieses Los einschloss, wusste ich nicht. Meine Schwester spielte fröhlich aus einem leicht zerfledderten Buch auf dem Klavier Volkslieder, die sie in der Schule gelernt hatte. Ich blieb lautlos im Zimmer, als gäbe es mich nicht. Ich stand damals im zehnten Lebensjahr.

An der Stimme meines Vaters konnte man, wie bei vielen Menschen, die jeweilige Stimmung seiner inneren Verfassung erkennen. Wenn er in den wirtschaftlichen Krisenzeiten entmutigt, verzweifelt war, schloss er sich nach Ladenschluss in den verdunkelten Räumen seines Geschäftes ein. Er blieb dort stundenlang. Auch auf Klopfen an der Tür, auf Rufen, Bitten, tröstenden Zuspruch antwortete er nicht. Er schwieg, als gäbe es ihn nicht mehr.

In seiner Abwesenheit, im zweiten Kriegsjahr, muss ich ihn vermisst haben. Als ich eines Tages von der Synagoge kommend den Heimweg antrat, überfiel mich, entlassen aus der Bezauberung dieser Umgebung, ein Gefühl der Verlassenheit. Mitten auf dem Wege umklammerte ich auf einmal die Beine eines mir entgegenkommenden Mannes und rief laut »Papa, Papa«, in der festen Überzeugung, es sei mein Vater, der mir da plötzlich auf der Straße begegnete.

Erst 1932 musste mein Vater sein Geschäft aufgeben, in dem großen Zusammenhang der Inflation und der weltweiten Flaute, in der sein Schicksal nur eines von vielen Millionen war. Er zog mit meiner Mutter zu meiner Schwester und mir nach Berlin in eine gemeinsame Wohnung in Steglitz.

Meine Eltern waren nie so krank, dass sie einen Arzt nötig hatten, weder in Freienwalde noch später in den ersten Jahren in Berlin. Sie waren älter geworden, die durchstandenen Zeiten mit ihren Sorgen hatten nicht nur Spuren in ihren Gesichtern hinterlassen. Man sah es ihren Bewegungen an, vor allem meine Mutter lief vorsichtiger und langsamer die Treppen hinauf und herunter. Auch mein Vater hielt sich schon an den Treppengeländern fest, ohne sein Gehtempo auffallend zu verändern.

Während der ersten Jahre in den Niederlanden empfing ich dann regelmäßig Briefe von meinem Vater, ausführliche, vorsichtige Berichte über ihr Leben in Berlin und Fragen nach unserem Wohlergehen, einfühlsam und herzlich verfasst. Ich besitze sie noch. Seine deutliche, kräftige Handschrift war mir schon früher aufgefallen, an den kleinen mit Lackfarben bemalten Preiskarten, wenn er die beiden großen Schaufenster neu dekorierte.

»Was denkst du über seine Handschrift«, fragte ich meine Frau, sie arbeitete als Graphologin, bereits in Deutschland und dann auch in den Niederlanden. »Ich deute keine Verwandtschaft«, erwiderte sie schalkhaft. Als ich sie drängte, nahm sie den Brief in die Hand, betrachtete die Schriftzüge und rieb das Papier leicht zwischen Daumen und Mittelfinger. Sie sah mich an und sagte: »Was für ein Temperament.« Dabei blieb es.

Er konnte jähzornig sein. Als er aus dem Krieg, über den er nie sprach, nach Hause kam und die Geschäfte, die meine Mutter in der Zeit geführt hatte, wieder übernahm, war er leichter erregbar. Es war das einzige Mal, dass ich ihn gegen meine Mutter auffahren hörte. Er warf ihr vor, dass sie die Geschäfte, während er im Felde stand, schlecht geordnet habe. Meine Mutter verteidigte sich zurückhaltend. Sie kannte die Schwäche seiner Argumente, wenn er sich machtlos fühlte, und sie ertrug sein unbeherrschtes Betragen. Sie weinte. Außerdem war es nie ihre Sache, Kontroversen oder Konflikte noch anzuheizen. Sie hielt sich zurück. Aber sie litt deutlich im Lauf der Jahre, beim Niedergang des Geschäftes, an den aufkommenden Sorgen, wenn sich mein Vater unten in seinem Geschäft, ohne das Licht anzuknipsen, einschloss und erst nach Stunden wieder zum Vorschein kam.

Hinter der gelassenen Fassade muss viel Enttäuschung und Unfrieden gewesen sein. Wenn er seine Fassung verlor, konnte er in seiner Hilflosigkeit heftig werden. Dann schlug er mich, unbesonnen, später versuchte er es wiedergutzumachen. Meine Mutter kam dann dazwischen und beschützte mich.

Dann lud er mich am Abend zu einem Spaziergang mit geschlossenen Augen durch die nächtlichen Straßen unseres Städtchens ein. Nach einigen Kreuzfahrten musste ich die Straße erraten, in der wir uns gerade befanden. Es war ein wunderliches, reizvolles Spiel. Manchmal drehten wir die Rollen auch um, dann führte ich ihn. Er schloss die Augen, ich packte seine leicht zitternde, verkrampfte Hand, mir war, als ob ich einen Blinden leitete. Sein Vertrauen darauf, dass ich ihn sicher durch die einsamen Straßen führen würde, veränderte das köstliche abendliche Spiel in eine ernsthafte Wirklichkeit, in der die Rollen von Kind und Erwachsenem vertauscht waren.

Dieser Tausch wiederholte sich später in den Niederlanden, als er, ein alter, hilfloser Mann, den Weg durch die ihm unbekannten Straßenzüge nicht mehr finden konnte. Er hatte zusammen mit meiner Mutter nach der Pogromnacht in Berlin seinen Hausrat aufgeben müssen, und sie beide waren nach Holland gekommen. Wir hatten ihnen in Naarden mit Hilfe einiger holländischer Freunde eine kleine Wohnung gemietet, ganz in unserer Nähe. Mein Vater fiel auf der Straße, lief gegen Laternen, Wegversperrungen, stolperte über Schwellen und auf Treppen. Er wollte es nicht wahrhaben. Es dauerte eine Zeit, bis man ihn bewegen konnte, seine Augen operieren zu lassen.

In der Klinik in Utrecht besuchte ich ihn nach der Operation. Wie beim Appell stand er, dicke Brillengläser vor beiden Augen, bei der ärztlichen Visite neben seinem Bett, dankte dem Professor für dessen Hilfe und bestätigte, dass er wieder alles sehen könne. Aber die Brille hatte nicht nur seinen Gesichtsausdruck verändert. Wieder griff ich seine Hand und führte ihn. Er konnte wieder sehen, aber er überließ mir ohne Zurückhaltung die Führung.

Er war klein von Wuchs, von schmächtigem, gestrafftem Körperbau, wäre er ein Boxer gewesen, hätte man ihn in die Klasse der Federgewichte eingestuft. Er hatte rasche, gut kontrollierte Bewegungen, er lief wie jemand, der noch eine Sache vor Toresschluss zu erledigen hat, diese jedoch ohne Hast und korrekt zu vollbringen trachtet, als wolle er nicht frühzeitig vom Tod eingeholt werden.

10

Meine Mutter war eine schöne Frau, sie hatte ein ausdrucksvolles Gesicht, große strahlende, warme, blaue Augen. Sie kam aus Schlesien, aus Hirschberg im Riesengebirge. Sie entstammte der zweiten Ehe ihres Vaters, ebenfalls ein Textilkaufmann. Ihm gehörte ein Haus am Marktplatz in der Butterlaube. Ich habe ihn nicht mehr gekannt, mit zweiundsiebzig Jahren lief er noch schwungvoll auf dem Bober Schlittschuh. »Er war ein Schaute«, sagte mein Vater mit einem verschmitzten Lächeln, um meiner Mutter nicht weh zu tun. »Schaute« ist ein jiddischer Ausdruck für einen gutmütigen, etwas närrischen Menschen, so erklärte man mir die Bezeichnung, als ich danach fragte. Seine Photographie zeigte das Bild eines wohlgepflegten älteren, stolzen Herrn mit einem gestutzten Backenbart, der selbstbewusst und leicht erhaben in die Welt schaute. Nach seinem Tode wurde sein Geschäft aufgelöst.

Die massiven, dichten Laubengänge, in sie eingelassen die bis tief in den dunklen Hintergrund reichenden Geschäfte der Metzger, Bäcker, Schuhe-, Leder- und Papierwarenhändler, verbanden die schmal gebauten Häuser, mit ihren zierlichen Fenstern hoch über dem Straßenbild, untereinander mit Mauern wie in einer Festung. Sie waren für uns Kinder bisher unbekannte Gebilde, überdeckte, eigentlich unterirdische Wege, wie man sie aus Märchen und Rittergeschichten sich vorstellt. Sie boten Schutz gegen alle Unbill des Wetters, Regen und zu große Hitze.

Wenn wir zu unserer Großmutter fuhren, nahmen wir in Freienwalde in der Frühe den Zug nach Berlin, dort stiegen wir am Anhalter Bahnhof in den D-Zug nach Hirschberg. Für uns Kinder war die Reise mit dem noch von einer Dampflokomotive gezogenen Zug immer ein besonderes Erlebnis. Die dichten, weißen Rauchschwaden aus dem schnaubenden Schornstein, der eilends mit viel Getös und Geratter dahinfahrende Zug, die Wanderung, das Gedrängel und Gerangel durch die verstopften Gänge der zu einer Schlange gekoppelten Wagen, entlang an den mit Menschen vollgepackten Abteilen, und dann die durch Faltwände geschützten Übergänge von dem einen Wagen in den nächsten, auf wackeligen, schaukelnden Eisenplatten, sie gaben uns immer den Kitzel eines beklemmenden Gefühles, als stünde man in einem fahrenden Zug mitten im Freien. Und dann das Abenteuer des Rückweges mit den forschenden Blicken in die vollen Abteile, bis wir unsere Plätze und unsere Mutter wiederfanden. Dies alles gehörte zu den Vorfreuden der Ferienreise.

In Görlitz stand meine Mutter plötzlich auf. Sie hatte bisher ruhig auf ihrem Platz gesessen, sich mit dem einen oder anderen Reisenden unterhalten und der draußen vorbeiziehenden Landschaft wenig Aufmerksamkeit geschenkt. Doch jetzt stand sie auf, hielt sich mit der einen Hand an dem Holzgriff des Gepäcknetzes fest und trat an das Fenster. »Das ist die Landeskrone«, sagte sie. Langsam kamen am Horizont die Umrisse der Vorgebirge und allmählich die ansteigende Kette des Riesengebirges auf. Es war eine stille Begrüßung zwischen ihr und der Landschaft ihrer Kindheit und Jugend bis zu ihrer Heirat.

Vor dem Bahnhof in Hirschberg lag die Endstation der Elektrischen. Es war meine erste Bekanntschaft mit einem solchen Transportmittel. Wir stiegen mit unserem Gepäck in einen Wagen und fuhren in die Stadt. Am Marktplatz, an der Seite des Rathauses, stiegen wir wieder aus. Das Haus meiner Großmutter lag in einem Laubengang direkt am Markt, gegenüber dem Rathaus. Sie lehnte zum Fenster hinaus. Als sie uns sah, winkte sie und schloss es wieder.

In dieser Gegend spielte die Sage vom Rübezahl. Seine Abenteuer und Geschichten las uns meine Mutter vor. Ich las sie selbst auch in Freienwalde. Die Gestalt des Rübezahl spielte in meiner Phantasie und vielleicht auch in meinen Ängsten eine nicht unbedeutende Rolle. Auch Gerhart Hauptmann, der, wie uns unsere Mutter erzählte, in Agnetendorf, nicht weit von Hirschberg, lebte, habe ich lange Zeit mit der Figur des Rübezahl verbunden. (Durch Hauptmanns *Weber* kam ich später mit den sozialen Problemen der Weber in Berührung. Die Verwandten meiner Mutter hatten große Spinnereien in Landeshut. Daher vielleicht meine Affinität zu Heines Weber-Gedicht.) Ich versuchte mir bereits in sehr jungen Jahren vorzustellen, wie ein so berühmter Mann so abgeschieden in einem Dorfe wohnen konnte und dort sein Wesen oder Unwesen trieb.

Meine Großmutter habe ich nur als eine an Jahren alte, aber lebhafte Frau in Erinnerung. Sie bewegte sich in ihrem Haus und auf der Straße auf eine Weise, die ihr Alter Lügen strafte. Sie trug eine randlose Brille, wie man einen Schmuck trägt. Die Gläser konnten den stechenden Blick, voller Witz und Klugheit, nicht verbergen. Aber nie ließ sie merken, was ihre Augen alles aus der Welt einheimsten. Sie lebte allein mit ihrem Hausmädchen Anna in diesem großen Haus. Immer war sie schwarz gekleidet. Sie trug, wenn sie ausging, ein Kapotthütchen, das ihrem vollen, rosigen, fast faltenlosen Gesicht einen malerischen Anblick gab. Wenn sie in ihrer mit hellen Kirschbaummöbeln ausgestatteten Wohnung saß, ohne das Kapotthütchen, war sie mit ihrem gescheitelten weißen Haar ein anderes Wesen, eine Gestalt aus dem Sagenkreis des Riesengebirges, unheimlich, geheimnisvoll, und trotzdem ein Mensch in seiner vollen Gestalt. Sie starb, unerwartet, unterwegs auf der Straße auf einer ihrer Besorgungen in der Stadt. Das Verhältnis meiner Mutter zu ihr war von einer respektvollen Liebe.

Solange meine Großmutter lebte, verbrachten wir unsere Ferien bei ihr oder fuhren in ihre Nähe, in einen der schlesischen Kurorte, nach Schreiberhau oder Krummhübel, von wo aus wir Wanderungen ins Riesengebirge unternahmen. Den Ausbruch des Ersten Weltkrieges erlebten wir in einer Pension in Josefinenhütte, nahe der tschechischen Grenze, im Hause eines Glasbläsers.

Meine Mutter sang, mit voller, heller Stimme. In der Synagoge an den Festtagen konnte man während des Gottesdienstes ihre Stimme deutlich unterscheiden von den anderen Stimmen im Chor der Frauen, die oben auf dem Balkon die religiösen Gesänge anstimmten, in hebräischer oder deutscher Sprache. Sie nickte mir lachend zu, wenn ich von unten, wo die Männer hinter ihren Pulten saßen oder standen, je nachdem wie die Rituale es vorschrieben, zu ihr hinaufschaute und ihre Bewegtheit voll Verwunderung und manchmal auch mit Verlegenheit verfolgte. Sie hatte, im Gegensatz zu meinem Vater, in ihrem Elternhaus eine gute jüdische Erziehung genossen. Ihre Frömmigkeit war gespeist aus der orthodox jüdischen Tradition und äußerte sich in der Beobachtung und der Befolgung der ihr verbindlichen Rituale, wenn sich auch im Laufe der Jahre ein gewisses *Laisser-faire* im Praktizieren entwickelte. Sie sprach oft mit Bewunderung von ihrem Lehrer, Rabbiner Biram, dem sie ihr jüdisches Wissen verdankte. Mit Rabbiner Maybaum, einem im Kaiserreich unter Wilhelm II. angesehenen und offenbar oft bei Hofe eingeladenen Vertreter der jüdischen Gemeinde in Berlin, bestanden familiäre Bande. Da ihm, wenn er zu Gast am Hofe war, immer Fisch serviert wurde und sich unter den Gästen auch noch andere gewichtige jüdische Persönlichkeiten befanden, entstand die Mythe einer gewissen Toleranz und Sympathie in den höchsten staatlichen Kreisen uns Juden gegenüber, was sich später als eine verhängnisvolle Illusion erwies. Der Ruf »Mit Gott für König und Vaterland«

hatte im damaligen Preußen immer einen judenfeindlichen Unterton.

Mein Vater ließ meine Mutter gewähren, wenn sie ihm Freitagabend zum Eingang des Sabbat die Stellen im Gebetsbuch anwies, wo die Segenssprüche über Wein und Brot standen. Er las holpernd und stockend die kurzen, hebräischen Texte, als sähe er sie zum ersten Male. Meine Mutter schaute mit einem hell-dunklen Gemisch von Mitleid und Verachtung auf sein tolpatschiges Verhalten. Es tat ihr weh. Als er sagte: »So hilf mir doch, Else«, flüsterte sie ihm die hebräischen Worte vor, er wiederholte sie schnell und ohne Fehl, als erinnerte er sich vergangener Zeiten. Denn gewiss hatte er die »brachoth«, die Segenssprüche, als Kind und als Pubertierender gelernt. Ob er sie nun wirklich vergessen hatte oder seine ausgestellte Unkenntnis anderen Beweggründen entstammte, ist mir immer ein Rätsel geblieben.

11

Einmal sah ich meine Mutter, als ich, ungefähr zehnjährig, barfuß und dadurch unhörbar an ihre offen stehende Schlafzimmertür kam, von der Seite beim Ankleiden halbnackt vor ihrem Bett stehen. Sie hatte mich nicht bemerkt. Ich sah ihre großen, vollen Brüste, die kräftigen Warzen auf den Rundungen des Oberkörpers. Ich genoss den kurzen Anblick, gleichzeitig in dem kindlichen Bewusstsein, hinter ein erregendes Geheimnis gekommen zu sein. Der Unterschied der Geschlechter war mir damals bekannt. Aber anscheinend verkehrte auch ich, wie viele Kinder, in der Überzeugung, dass dieser Unterschied sich in den Folgen nicht auf unsere Eltern übertragen ließ, dass wir sie in unseren Phantasien und aus unserer Neugier aussperrten.

Zuvor hatte sich diese Neugierde auf andere Weise Raum verschafft. Mit drei gleichaltrigen Freunden, alle mit ihren Eltern in Häusern um den Marktplatz herum wohnhaft, hatten wir uns, in unserer sich plötzlich gemeinsam manifestierenden Neugier, zusammen mit einem ungefähr vier Jahr älteren Mädchen, der jüngsten Tochter eines verwitweten Polizisten und Nachbar eines Freundes, ein frivoles Spiel ausgedacht, das wir ernsthaft betrieben. Das Mädchen legte sich, angekleidet, mit dem Bauch auf den Boden, zog ihren Schlüpfer herunter und blieb liegen, das Gesicht in den Händen vergraben. An dem entblößten Körperteil entwickelte sich ein symbolisches Operationsritual ohne jegliche handgreifliche Berührung und Veränderung der einmal eingenommenen Anfangsposition.

Der Dachboden über dem Druckereilokal des Vaters eines der Spielgenossen war der Ort unserer spontan geplanten Zusammenkünfte. Von den vier beteiligten Jungen hatten drei ältere Schwestern, und das Mädchen hatte außer einer älteren Schwester zwei jüngere Brüder. Wie dieses Spiel nach ungefähr vier oder fünf Sessionen aufhörte, ist mir nicht mehr gegenwärtig. Ich glaube, dass die ältere Schwester, von der jüngeren ins Vertrauen gezogen, diesem Spiel ohne Aufsehen ein Ende bereitete, die jüngere ließ sich nicht mehr in unserem Kreise sehen.

Ungefähr zwei Jahre danach, sie war beinahe erwachsen, spielte sie durch ihr Auftreten in einer für mich fatal werdenden Lage eine vielleicht entscheidende Rolle. Wir Kinder spielten, wie gewohnt, auf dem Marktplatz unsere Spiele, tobten uns aus, regten uns auf, lachten und hatten unseren Spaß. Plötzlich trat ein hochgewachsener, schmächtiger, etwas abgerissener Mann, der vielleicht einmal bessere Tage gekannt hatte, an mich heran. Er hatte einige Zeit unser Spiel von der Seite des Marktes verfolgt. Er trug eine Brille, auf dem Kopf eine Schirmmütze und war in einen grauen Soldatenmantel gekleidet. Solche Typen sah man in den Tagen nach dem Ersten Weltkrieg und den darauf folgenden großen wirtschaftlichen Krisenzeiten des Öfteren durch unser Städtchen ziehen, und da er mich freundlich nach dem Weg fragte, und ob ich ihn begleiten wolle, sagte ich zu.

Das Mädchen hatte unser Gespräch aus der Nähe verfolgt, trat, als der Mann sich schon auf den Weg machte und sich nach mir umsah, ob ich ihm folgte, an mich heran und sagte voller Ernst und besorgt ob meiner Eilfertigkeit, sie rate mir ab, den Mann zu begleiten. Ihrem Blick entnahm ich ohne weiteres, was sie meinte. Schließlich war sie die Tochter eines Polizisten und mit den Gefahren, die Kindern, Jungen meines Alters, drohen könnten, besser vertraut als ich, obwohl mich meine Eltern bestimmt auf solche Situationen vorbereitet hatten. Aber andere Sorgen standen bei ihnen im Vordergrund, wirtschaftliche Krisen und Zahlungsprobleme, erst in kleinem Umfange, da mein Vater kein Kapital hinter sich hatte und sich im Grunde unfähig fühlte, alldem Widerstand zu bieten, und es eigentlich auch war.

Es war die Zeit der ersten Jahre der Weimarer Republik, die Fahnen Schwarz-Weiß-Rot und Schwarz-Rot-Gold spalteten die deutsche Öffentlichkeit, das Schlagwort »Judenrepublik« gewann an Boden, die Wehrverbände, Stahlhelm, Brigade Ehrhardt, Werwolf, Jungdeutscher Orden und noch viele andere, rührten sich. Mein Vater hielt mich an, Zeitung zu lesen, und ich wurde ein begeisterter Zeitungsleser.

Das Erlebnis mit meiner Mutter hatte auf die Dauer mein Verhältnis zu ihr geprägt und damit auch das Bild, das ich mir von Frauen machte. Nicht zuletzt war dies ihrer Kunstfertigkeit in der Küche zu danken, ihrem erfinderischen Geiste, der sie auch in der Periode nach dem Ersten Weltkrieg überraschende Produkte hervorbringen ließ. Sie war bestimmt die stärkere, stabilere von meinen Eltern.

Zu dieser Erkenntnis bin ich jedoch erst in späteren Jahren gelangt. Während der Zeit, da mein Vater im Felde stand, führte sie die zwei Geschäfte allein. Aus dieser Zeit stammt meine Erinnerung an ihr kühles, beherrschtes Wesen im Umgang mit uns Kindern und den anderen Menschen im Umkreis unserer Lebenssphäre. Sie hatte eine unaufdringliche Art, mit den Leuten zu sprechen. Ihre Sprechstimme klang in der Mittellage fest und melodiös, sie war gewandt im Umgang, blieb insgeheim immer eine Dame, mit wem sie sich auch im Gespräch befand. In der Synagoge, beim gemeinsamen Gesang der Gemeinde, hörte man ihre Stimme aus der Vielfalt der anderen Frauenstimmen heraus durch das Timbre ihres Gesanges. Zu Beginn empfand ich es als peinlich, dass meine Mutter sich so hervortat und ihren Blick nicht so krampfhaft auf den gedruckten hebräischen Text vor ihrer Nase heftete, wie ich es bei anderen Frauen und auch Männern sah. Aber sie kannte Text und Melodien des Dienstes. Sie hatte bei ihren Eltern eine gute jüdische Erziehung genossen, im gemäßigt orthodoxen Sinn, konnte fließend Hebräisch lesen, kannte den Inhalt der Gebete und Gesänge, ganz im Gegensatz zu meinem Vater, der nur sehr unbeholfen mit allen religiösen Texten und Gebräuchen umging.

Wenn er in der Synagoge zur Thora aufgerufen wurde, hörte man nur ein unverständliches, leises Krächzen seiner Stimme, kaum identifizierbar mit den hierbei vorzutragenden Segenssprüchen im Kreise der Gemeinde. Oft schien es sogar, als ob der Vorbeter, der Kantor, mit seiner amtlichen Stimme soufflierte und sagte, was eigentlich meinem Vater oblag. Wenn mein Vater nach vollzogenem Ritual vom Almenor hinab wieder seinen festen Platz in einer der Bänke mit den Klappsitzen aufsuchte und die Glückwünsche anderer Gemeindemitglieder in Empfang nahm, denn er war ein allgemein ob seiner Redlichkeit anerkanntes und mit Respekt behandeltes Mitglied der Gemeinde, ging ein entspanntes Strahlen über sein Gesicht. Es war Ausdruck der Genugtuung eines Mannes im Bewusstsein, einer Pflicht Genüge getan, eine Verantwortung erfüllt zu haben, die er sich selbst auferlegt hatte.

Dass er sich als Jude fühlte, mehr aus geschichtlicher Überlieferung als aus religiöser Überzeugung, ist ohne Zweifel. Er war ein überzeugter Jude, aber nicht mehr im religiösen Sinn. Im Grunde war er ein Zweifler. Und hierin unterschied er sich von meiner Mutter. Mein Vater glaubte nicht mehr, dass Religionen, welche auch immer, imstande wären, die Probleme dieser Welt zu lösen. Er war ein politischer Mensch. Wenn meine Mutter am Freitagabend die Kerzen in den silbernen Leuchtern auf dem weiß gedeckten Tafeltuch anzündete und beim Aussprechen der hier gebotenen Segenssprüche wie beschwörend ihre Hände über die Flammen hielt – ich war immer bang, dass sie sich hierbei ihre Hände verbrannte –, musste sie danach immer erst meinen Vater anspornen, die ihm rituell zugewiesenen Handlungen auszuführen, wobei sie ihm, wie der Kantor, die Texte vorflüsterte, die er dann gehorsam stammelte. Aber er hat sich nie dem Wunsch widersetzt, dass ich Bar-Mizwa wurde.

Die Leuchter haben wir über die Zeiten gerettet.

12

Es gibt eine Anzahl von Berichten kundiger Fachleute darüber, wie ein Kind seine Umgebung wahrnimmt, sie kennenlernt, in sie hineinwächst und vertraut mit ihr wird. Immer wieder habe ich mich im Laufe der Jahre gefragt, wie ich das Haus, die Wohnung, in der ich geboren wurde, die Stadt und die weitere Umgebung kennengelernt habe. Von den ersten fünf Jahren weiß ich eigentlich nicht mehr viel, hie und da kleine Erinnerungsblitze, die mir ein Bild vorgaukeln, ein Gefühl von Gewissheit, dass es so gewesen sein könnte. Aber da niemand mehr lebt, überlebt hat, um meiner Erinnerung auf die Spur helfen oder sie korrigieren zu können, leitet mich Vorsicht.

Die Wohnung meiner Eltern, im ersten Stock des großen Mietshauses Ecke Uchtenhagen- und Königstraße, hatte den Ausblick auf das Rathaus und die anschließenden Verwaltungsgebäude des weiter zurückliegenden Landratsamtes mit der Auffahrt zu dem hinter Bäumen verstohlen liegenden Sitz des

Landrates, auf die etwas höher gelegene Nikolaikirche und auf den mir damals groß erscheinenden Marktplatz. Der Marktplatz war das erste Gebiet unserer Spiele. Auf der einen Seite wurde er von der Bahnhofstraße begrenzt, einem uns damals breit erscheinenden Fahrweg, auf dem Pferdedroschken und die mit Holzstämmen vollgeladenen Fuhrwerke, aus der Königstraße kommend, in einem weiten Bogen die Kurve nahmen und die Straße hinab zum Bahnhof und weiter ihren Weg hinaus nach Schiffmühle verfolgten, wo Holzfabriken und Sägewerke standen. Von dort aus wurden auch Baumstämme, zu Flößen aneinandergebunden, auf dem Wasserweg gen Norden geleitet.

Auf der anderen Seite des Marktplatzes, in Fortsetzung des Rathauses, zog sich eine Reihe von zweistöckigen Wohnhäusern hin bis zum Schmied Rentsch. Hier wurden Fuhrwerke repariert und die Hufe der Pferde beschlagen. Hinter den Häusern erstreckten sich große Obst- und Blumengärten bis weit hinunter an die Kanalstraße, nur durch einen Lattenzaun abgegrenzt von der Straße längs des alten, trockengelegten Oderstromes. Mein erster Freund, ein ungefähr gleichaltriger Spielkamerad, nahm mich mit in das Haus seiner Eltern und in die Werkstatt seines Vaters, eine Druckerei und Buchbinderei im Hofe eines schmalen, unansehnlichen Hauses. Es war die erste fremde Welt, die sich mir erschloss. Das Geschäft hatte, im Gegensatz zu den bunt dekorierten zwei Schaufenstern meines Vaters, nur eine etwas eintönig wirkende Auslage mit Papierwaren, Kartons und Druckwerk, die meine Neugier nicht fesseln konnte. Aber was sich hinten im Hofe in der Werkstatt abspielte, hielt mich im Bann. Wenn das weiße Papier oben an die stetig sich abwickelnden Rollen gelegt wurde und nach einer schwungvollen Drehung unten auf den vielgliederigen Holzgabeln mit schwarzen, noch feuchten Lettern wieder zum Vorschein kam, hatte sich für das Kind ein Wunder vollzogen, vergleichbar nur dem Spiel auf der Zither, die der Vater des Freundes, wenn er gut aufgelegt war, für uns Kinder hervorholte. Er spielte allerlei Weisen, die ich nicht kannte oder die ich auf diese Art gespielt nicht kannte. Es war nicht die Melodie allein, es war das voll tönende Zusammengehen von Melodie und Bässen. Aber noch mehr waren es die schaukelnden Bewegungen seines Körpers beim Spiel, der etwas schielende, kontrollierende Blick auf die metallenen Saiten, während er dabei nie seine Zigarre ausgehen ließ, als umhülle ihr Duft und Rauch sein Spiel wie ein Gewand, um seine Hingabe schamvoll zu bedecken.

So beginnen Inseln der Erinnerung aufzutauchen.

Meine Erinnerungen an die Zeit als Kind und Schüler in Freienwalde sind erst in den letzten Schuljahren getrübt von den unerwarteten gehässigen antisemitischen Ausfällen meiner Mitschüler. Es war die Zeit, in der einige Lehrer des Gymnasiums, ehemalige Offiziere des Weltkriegs, als Leiter der damals sich bildenden nationalistischen Gruppen in Nachtübungen ihre vaterländische Gesinnung auf die Schüler der oberen Gymnasialklassen übertrugen. Als in der Unterprima ein jüngerer Deutschlehrer aus Berlin seinen Deutschunterricht neu gestaltete, indem er die Schüler aufforderte, in ungefähr zehn Minuten über ein frei gewähltes Thema zu sprechen, explodierte die bisher unterdrückte Spannung. Ich sprach – denn ein Mitschüler hatte etwa Fichtes Reden an die Deutsche Nation gewählt – in Einverständnis mit dem Lehrer über Heines Gedicht *Die schlesischen Weber*. Als ich wieder auf meinem Platze saß und der Lehrer wie gewohnt die Klasse zur Diskussion aufforderte, erhob sich der Klassensprecher, der Sohn des Kolonialwarenhändlers aus der Bahnhofstraße, ein kräftiger blonder Bursche, und erklärte mit fester Stimme: »Die Klasse weigert sich, sich zu dem Gedicht zu äußern. Es beschmutzt das eigene Nest.« Und setzte sich wieder. Der Lehrer war bestürzt.

Diesen Zwischenfall hatte er nicht vorausgesehen. Das Lehrerkollegium und der Rektor waren unfähig, diesen Konflikt zu lösen. Ich blieb zwei Jahre im Klassenschiss.

Zwei Mitschüler, deren Eltern freundschaftliche Beziehungen mit jüdischen Familien unterhielten und keine antijüdischen Losungen in ihrem Hause duldeten, begannen urplötzlich in meiner Gegenwart deutlich zu artikulieren: »Jerusalem und Judäa.« Die Intonation war deutlich herablassend. Weiß der Himmel, welcher Umstand ihnen diese Bemerkungen eingegeben hatte. Da ich eigentlich sehr gut mit ihnen stand, war ich verunsichert. Ihre Eltern (der Vater des einen war Vorsitzender der Demokratischen Partei im Stadtparlament; der andere war vielleicht selbst jüdischer Abstammung) versuchten ebenfalls, aber vergebens, ihre Kinder zur Mäßigung zu überreden.

Der Deutschlehrer ließ uns bei unserem Aufsatzthema freie Wahl. Ich war damals, angeregt durch einen älteren Freund, sehr mit Thomas Mann beschäftigt, mit *Tonio Kröger*, *Unordnung und frühes Leid*, *Der Tod in Venedig*. Als Thema meines Hausaufsatzes wählte ich also: »Thomas Mann, Dichter und Bürger.« Für meine – wie ich mir einbildete – fleißige, durchdachte Arbeit erhielt ich nur ein »Genügend«.

Ich zeigte meinem Freund Fritz den Aufsatz. »Wo hast du denn das her«, fragte er mich erstaunt. Er hatte gerochen, dass das, was ich geschrieben hatte, nicht auf meinem Mist gewachsen war. Ich gestand ihm, dass ich die Hauptgedanken wörtlich aus einem Essay aus der *Neuen Rundschau* abgeschrieben hatte, von Fritz Strich. Und dass nicht ich, sondern Fritz Strich nur ein »Genügend« erhalten hatte. Was mich dann auch wieder tröstete.

Es war dieselbe Zeit, in der ich mit meinem Beitrag zu einem Schülerwettbewerb des Börsenvereins des deutschen Buchhandels, über Hermann Hesses *Demian*, den dritten Preis errang. Von dem so gewonnenen Betrag von dreißig Mark kaufte ich mir drei Bücher: ein Novellenbuch von Stefan Zweig, dann von Karl Plättner, einem Kumpan von Max Hoelz, den Band *Eros im Zuchthaus* (um meine Neugierde zu befriedigen) und schließlich die in Leder gebundenen, im Taschenbuchformat und Dünndruck erschienenen Vorlesungen von Sigmund Freud, eines der Bücher, die mein Exil überdauert und mein Leben bestimmt haben.

13

Im Frühjahr 1928 machte ich mein Abitur. Der älteste Bruder meines Vaters, Arzt in Hamburg, schlug vor, dass ich später seine Praxis in Hamburg übernehmen könnte, sollte ich Medizin studieren. Er erklärte sich sogar bereit, mein Studium zu unterstützen. Meine einzige Beziehung zum Arztberuf war, dass ich selbst niemals ernsthaft krank gewesen bin. Für die Wahl meines Berufes war, glaube ich, das Angebot meines Onkels entscheidend. Ich hatte viele Interessen, aber wenige ausgesprochene Talente.

1928 bezog ich in Berlin bei einer Lehrerin an der Moses-Mendelssohn-Schule an der Großen Hamburger Straße, derselben, an der ich später nach 1934 als Lehrer tätig war, ein Zimmer. Meine Schwester, die damals in einem jüdischen Studentenheim wohnte, hatte mir die Adresse vermittelt.

Es war in dieser Wohnung, dass mir das ältere Hausmädchen, Frieda, die, so gut es ging, auch mich versorgte, eines Morgens vom Selbstmord meines

Freundes Fritz in einem Berliner Hotel berichtete. Er war der Sohn eines Installateurs in Freienwalde, dessen Geschäft sich neben dem Putzgeschäft meiner Mutter befand.

Lange Zeit waren wir in derselben Klasse. Er war ein guter Sportler, und wir wetteiferten bei den alljährlich stattfindenden Reichsjugendsportwettkämpfen. Rückblickend kommt es mir vor, als ob in der Pubertät seine Entwicklung plötzlich einen anderen Verlauf genommen hätte. Seine Schullaufbahn fand nach der Obersekunda ein Ende. Aber er blieb derselbe liebe und anhängliche Freund, der er gewesen war, auch wenn unsere Kontakte von nun an seltener wurden.

Eines Tages verschwand er aus Freienwalde. Vorher hatte er mich informiert und gebeten, seinen Eltern nichts zu erzählen. Er verriet mir auch seinen Aufenthaltsort. Seinen verzweifelten Eltern verschwieg ich, was ich wusste. Nach einem halben Jahre kehrt er zurück und machte eine Ausbildung als kaufmännischer Angestellter in Hamburg. Er hatte viel von seiner Frische und Lebendigkeit verloren. Wir verloren einander aus den Augen. Nur selten noch kam er nach Freienwalde.

Eines Morgens in Berlin also hörte ich, dass er sich mit einer Freundin, der Schwester eines Schulkameraden aus den oberen Klassen des Gymnasiums, erschossen hatte. Ich fuhr sofort ins Schauhaus, wies mich als Student der Medizin aus und sah die Leiche meines Freundes auf der Bahre liegen. Es war das erste Mal in meinem Leben, dass ich einen toten Körper sah. Ich habe diese Szene in meinem Roman *Das Leben geht weiter* geschildert, und ich erinnere mich noch an eine Bemerkung von Oskar Loerke, dem die Darstellung dieser Szene gefiel, vor allem die Beobachtung, dass Fritz keine Brille mehr trug.

Das Mädchen, seine Freundin, die ebenfalls auf einer Bahre im Keller lag und die ich ebenfalls gut kannte, habe ich nicht angeschaut.

14

Der Tod verleiht dem Arzt seine Dignität. Während meines Arztstudiums in Berlin habe ich kranke und tote Menschen in ihren Betten gesehen. Im Urban-Krankenhaus habe ich viele Sektionen vorgenommen, um an den durch Krankheiten angetasteten, veränderten Organen den Verlauf von Krankheiten zu studieren. Ich habe auch Menschen gesehen, die durch Gewalt zu Tode gebracht worden waren. Der Tod durch Krankheit ist ein anderer als der Tod durch Mord, das lernte ich bald. Der Tod hat viele Spiegelungen. Auch diese Aufzeichnungen unterstehen dem Gesetz der Spiegelungen, selbst in den Gefilden, in die die Sprache – noch – nicht reicht.

15

Die sich langsam mehrenden wirtschaftlichen Wirrnisse und in ihrem Gefolge die politische Radikalisierung der Massen, Konfrontationen von Schlägergruppen der beiden Frontparteien, entgingen mir nicht. Auch wenn ich an ihnen nicht aktiv teilnahm – zufällig geriet ich in eine Polizeiaktion gegen linksradikale Gruppen in der Nähe der Volksbühne, wo ich mich mit anderen Unbeteiligten in die Nebenstraßen verzog –, was in diesen Tagen und Zeiten geschah, war auch meine Sache. Aber es war nur eine Sache neben anderen, die auch meine Sachen waren.

Alf Steininger wurde als ein »junger deutscher Dichter« vorgestellt. Er war Mitarbeiter der *Weltbühne*. Ob er dort außer politischen Glossen auch Zeitgedichte veröffentlicht hat, weiß ich nicht. Er saß am Tisch in unserem Wohnzimmer, lachte und strahlte über sein ganzes Gesicht, redete verhältnismäßig wenig und verstand sich sehr gut mit mir, obgleich ich doch einige Jahre jünger war und mein

Leben sich in einer ganz anderen Umgebung abspielte als das seine.

Jahre später, als ich in Berlin studierte, nahm ich wieder Kontakt mit Alf Steininger auf – durch einen Freund meiner Schwester, Edwin Sieradz (er war angeblich einige Zeit Sekretär von Einstein, ging 1938 nach Amerika und kam nach 1945 als Richter beim Nürnberger Tribunal zurück), der Saxophon spielte. Von ihm bekam ich den Rat, Trompete zu blasen, um mein Studium zu finanzieren. Nach einigen nicht ganz vergeblichen Versuchen, einer geborgten Trompete Töne zu entlocken, wollte ich ein eigenes Instrument besitzen. Aber mir fehlte das Geld. Da nahm ich also wieder Kontakt mit Steininger auf. Nach wenigen Worten begleitete er mich in ein Musikgeschäft in der Joachimsthaler Straße und legte zweihundert Mark für eine Holton-Trompete auf den Tisch. Alles verlief so von selbst und ohne Firlefanz, als sei es das Selbstverständlichste auf der Welt, einem Studenten mit Geld auszuhelfen.

Ich bin kein großer Trompeter gewesen, aber die Holton-Trompete hatte einen wunderschönen, warmen und auch lauten Klang, der an Silvesterabenden den Sportpalast in Berlin füllte. Ich spielte auf allen großen Bällen der Reichshauptstadt. Ich spielte zuerst auf kleinen Veranstaltungen von Ring- und Anglervereinen in halbdüsteren Lokalen, am Sonntagnachmittag bei Veranstaltungen im Grunewald, die wir als Keilerei mit Tanzvergnügen bezeichneten. Wir: das waren vier Studenten, die eine feste kleine Kapelle bildeten. Hildebrand, den Pianisten, nannten wir seiner besonderen Jazz-Improvisationen wegen den Klingeldirektor. Arthur Mendelssohn war ein freundlicher, etwas hilfloser junger Mann, mit viel Phantasie auf seinem Schlagzeug. Edwin Sieradz stand während des ganzen Balles als eine Art Dirigent vorn und blies seine Partie auf der Klarinette, ziemlich erbärmlich und erst im Laufe der Zeit einigermaßen passabel. Der vierte war ich mit meiner Trompete und meiner Geige.

Wir übten wöchentlich zwei bis drei Stunden an einem Abend in einer Grunewald-Villa. Wir hatten ein Engagement der Technischen Hochschule Berlin. Wir spielten auch in einem der kleineren, gemütlichen Säle der Kroll-Oper, während im großen Saal Paul Godwin mit seinem berühmten Ensemble auftrat. Anfang 1932 spielte ich für einige Monate im Europa-Haus in der Band des Violinisten Paul Weinappel, jeden Abend von acht bis halb eins.

Der Übergang von Freienwalde nach Berlin war für mich nicht so einfach. Ich kannte dort nur meine Schwester. Ich konnte mir ein Studium nicht vorstellen und auch nicht, was ich mit der übrigen Zeit machen sollte. Der Ruf der Großstadt weckte ein gewisses Unbehagen in mir. Die Möglichkeit der Ausbildung zum Sportlehrer kam mir wie gerufen. Die vorbereitenden Fächer zum Medizinstudium beflügelten nämlich nicht gerade meine Phantasie.

Beim Durchforsten des Vorlesungsverzeichnisses war ich auf die Ausbildung zum staatlich geprüften Turn-, Sport- und Schwimmlehrer gestoßen, ohne zu ahnen, dass sie mir bald gut zustatten kommen würde. Schon auf dem Gymnasium hatte ich immer gerne Sport getrieben. In die schulische Gemeinschaft der Sportler fühlte ich mich eine Zeitlang auch ohne deutliche Vorbehalte aufgenommen. Denn die gab es schon immer gegen mich, nicht als Person, sondern als Jude, Vorbehalte, die im Laufe der Schulzeit immer stärker hervorgetreten waren und auch die Person meinten und trafen. Es war die Lust an Sport in all seinen körperlichen und seelischen Dimensionen, am Innewerden und Beherrschen von Spannungen und deren Lösung, in Training zu Leistung und ihrer Steigerung im ehrlichen Wettstreit, was mich in erster Linie in die Hochschule trieb. Daneben war es gewiss auch Angst des in einer Kleinstadt behüteten Knaben und Adoleszenten vor dem Übergang aus einem freundlichen und gastfreien

Elternhaus in die kalte Einsamkeit eines möblierten Zimmers irgendwo im großen Berlin. Obwohl meine Schwester bereits dort studierte und versprach, sich des kleineren Bruders anzunehmen, öffnete diese Hilfe nur die Pforte zu alt-neuen Abhängigkeiten, denen ich ja grade zu entkommen gedachte.

Inzwischen hatte ich angefangen, einen Roman zu schreiben. Ich musste mich entscheiden: entweder der Roman oder das Engagement. Ich entschied mich für den Roman.

16

Den Anfang der Shoa habe ich noch in Berlin miterlebt. Dieser lapidare Satz bedarf einiger Erläuterungen. Er hängt mit den persönlichen Umständen zusammen, unter denen ich, 1936, Deutschland verließ. Ich weiß, dass dieser Satz für beinahe einen jeden gelten könnte, der damals, Jude oder Nicht-Jude, zu diesem Ausweichen gezwungen war. Er bedeutete in jedem einzelnen Falle den Abschied von einer persönlichen Lebensform, von Freunden, Feinden, von Beruf, Hoffnungen, materiellen Sicherheiten, Idealen und Wunschvorstellungen, von bisher Erreichtem und Dingen, denen die Erfüllung versagt blieb. Es war ein Gang ins Ungewisse. Und Abschied von einer Landschaft, deren betörende, an Abwechslungen reiche Schönheit nur in der Erinnerung wieder ersteht. Dass dieser Abschied nicht plötzlich kam, dass er sozusagen vorprogrammiert war, mindert nicht seinen Schmerz.

Die politischen und in ihrem Zuge die ökonomischen Ereignisse der Jahre, die zum Untergang der Weimarer Republik, zum Erstarken der völkischen und immer schlummernden judenfeindlichen Gesinnung und schließlich zur Machtübernahme durch die nationalsozialistische Bewegung führten, hatte ich im kleinen Ausschnitt des geschäftlichen Bankrotts meines Vaters aus der Nähe miterlebt. Aber erst viele Jahre später, als ich mich im Laufe meiner Ausbildung zum Nervenarzt in den Niederlanden einer psychoanalytischen Kur unterzog – angeblich da dies zur fachlichen Ausbildung gehörte und weniger aus der Notwendigkeit, sich über die Verstrickungen von inneren und äußeren Wirrnissen Rechenschaft zu geben, wie wir es von unseren zukünftigen Patienten fordern –, erst in den Jahren von 1948 bis 1951 wurde mir die Tragödie bewusst, die darin liegt, dass Männer nicht imstande sind, das Leben zu meistern und die Sicherheit ihrer Kinder zu gewährleisten.

17

Gertrud hatte schon in Berlin ein kleines Komplott mit einem Berliner Spezialisten geschmiedet, einem Gynäkologen, der auch Berlin verlassen musste. Sie tat es in der deutlichen Absicht, mir den Abschied von Berlin zu erleichtern. Der Berliner Kollege erklärte mir, dass er eine Verabredung mit einem holländischen Kollegen an einer holländischen Universität habe, um dort zusammen mit ihm Krebsforschungen zu betreiben. Er nannte mir Namen des holländischen Arztes und der Universität. Er lud mich ein, ihm dabei zu helfen. Meinen Einwand, dass ich keine Ahnung und keine Erfahrung mit Arbeiten in einem Labor und vor allem keine Ahnung vom Krebs hätte, besänftigte er mit dem Hinweis: Desto besser, dann hätte ich auch keine wissenschaftlichen Vorurteile und könne unbefangen die Probleme studieren. Glaubte ich ihm? Auf jeden Fall sagte ich einem jeden, der mich fragte, was ich in den Niederlanden zu tun gedenke, dass ich auf einen Berliner Kollegen warte, um zusammen mit ihm zu forschen. Es ist erstaunlich, mit welcher Überzeugung man sich selbst längere Zeit in einer Scheinsicherheit wiegen kann. Es dauerte einige Zeit, der Berliner Kollege kam nicht, und der holländische Arzt forschte in der Tat in einem Labor der Universität, aber nicht über Krebs.

Ich weiß, dass ich meine Rettung auch holländischen Freunden verdanke, den in diesem Lande gesetzlich verankerten bürgerlichen Lebensnormen, ohne dass ich deren praktische Verwirklichung generalisieren wollte, im Sinne einer Heiligsprechung der gesamten niederländischen Gesellschaft. Die Niederlande stehen im Ruf, das Polen des Westens gewesen zu sein. Aus keinem anderen besetzten Land wurden verhältnismäßig so viele Juden der Vernichtung preisgegeben und kamen um. Kein anderes westliches Land lieferte einen relativ so großen Anteil an Männern für die deutsche Kriegsmaschine. Und trotzdem bedarf es auch hier einer vorsichtigen, nichts beschönigenden Abwägung, wenn man das Wort Rettung ohne Einschränkung mit einem Gefühl von Dankbarkeit zu gebrauchen gedenkt. Ein von der holländischen Obrigkeit angezetteltes Pogrom ist eine *contradictio in terminis*. Es gab viele, sehr viele, die nicht wegschauten, die in eine Haltung des Widerstands kamen, zuerst vielleicht auf eine etwas dilettantische Weise, später mit mehr Überlegung, listiger und mit mehr Phantasie. Über fünftausend jüdische Kinder überlebten. Mehr als zweitausend dieser Kinder waren am Ende des Krieges Waisen geworden.

Hier kommen mir plötzlich Zeilen aus einem Gedicht des holländischen Dichters Pieter Cornelis Boutens in den Sinn, darum schreibe ich sie nieder. Vielleicht, dass ich sie später wieder streiche? »En alleen is leven leven / Als het tot de dood ontroert.« »Und nur dann ist Leben Leben / Wenn es bis zum Tode rührt.« Diese Zeilen aus dem Gedicht *Goede dood* las ich 1937 zum ersten Mal in der öffentlichen Bibliothek des holländischen Städtchens, in dem ich auch heute noch wohne. Ich hatte in den ersten Wochen und Monaten meines Exils viel Zeit und verbrachte sie regelmäßig dort, wo sich holländische Zeitungen und Bücher fanden. Auf zwiefache Weise strebte ich, nicht ohne Erfolg, danach, die Gewohnheiten des täglichen holländischen Lebens in mich aufzunehmen, nicht im Sinne einer gewöhnlichen, äußeren Anpassung, obgleich dies auch schon viel gewesen wäre, sondern im Sinne einer Akkulturation.

Boutens' Verse fallen mir jetzt wieder ein, sie spiegeln meine Gedanken und meine Stimmung beim Niederschreiben dieser Erinnerungen. Obgleich ich weiß, dass ihr Verfasser in seiner Zeit anderen Herausforderungen ausgeliefert war als wir, obgleich sein Verhalten während der Besetzung in den Jahren danach Anlass zu kritischen Reflexionen gab und obgleich die Texte von anderen, jüngeren holländischen Dichtern mir im Laufe der Jahre vertrauter wurden, glaube ich, dass es mit Boutens begann.

Was begann?

Die Einsicht, dass das Leben, das zum Tode rührt, in einem anderen Lebenskreis angesiedelt war als der Tod, den Menschen in einem Teufelskreis einander zufügen. Dass die lyrische Verbindung von Leben und Tod in dem Gedicht von Boutens einer anderen Zeit angehört, auf einem anderen Orgelton gründet und dass es damit der Wahrheit, die mein Leben damals und später bleibend prägte, entgegengesetzt ist.

18

Ende August verbrachte ich einige Tage auf Terschelling, einer der holländischen Nordseeinseln, im Hause eines holländischen Kapitäns und seiner Frau, oben auf den Dünen. Ich war ihr Gast und genoss nach langer Zeit wieder die Freundschaft mir bisher unbekannter Menschen. Als neue Gäste kamen, wechselte ich mein Quartier und zog in eine Pension in Horn, eine Siedlung dicht hinter den Dünen gelegen. Dort vernahm ich eines Mittags über das Radio den Abschluss des Ribbentrop-Molotow-Paktes.

Ich war im Gegensatz zu anderen Gästen der Pension nicht überrascht. Ich hatte die politischen Ereignisse und die Unterhandlungen der Großmächte mit Argwohn verfolgt. Aber ich wusste, dass eine Periode des Exils abgeschlossen war und eine neue sich ankündigte. Über ihre neuen Herausforderungen konnte ich nur mutmaßen. Ich brach meine Ferien ab und fuhr mit einem Bus zurück nach dem Hafen von

Terschelling, von wo ein Schiff mich nach Harderwijk aufs Festland brachte. Unterwegs kontrollierten bereits holländische Soldaten meinen noch immer gültigen deutschen Pass ohne Beanstandung. In Naarden erwartete mich meine Frau. Wir wussten beide noch nicht, was uns bevorstand.

Im März 1943 fuhr ich mit dem Zug von meinem damaligen holländischen Wohnort, an dem ich offiziell bei meinen Eltern, aber inoffiziell bei meiner Frau und unserer 1941 geborenen Tochter wohnte, zu meiner ersten Untertauchadresse im Hause von Henk Fontein, dem Direktor der *Rekkenschen Inrichtingen*, eines nahe der deutschen Grenze zwischen Enschede und Winterswijk abseits auf dem Lande gelegenen Institutes für schwer erziehbare Jungen und Mädchen. Es war mir mit der offiziellen Hilfe des holländischen Justizministers gelungen, nach den Pogromen des Novembers 1938 meine Eltern zu mir nach Holland zu holen.

Der Grund dafür, dass ich Rekken verließ, war eine neue Bestimmung der deutschen Besatzungsmacht. Um einen besseren Zugriff auf die Bürger des unruhigen und tief unbotmäßigen Landes zu bekommen, regelte sie den Aufenthaltsort nach den Eintragungen in den Pässen. Der Pass, den ich bereits in Naarden-Bussum, wo ich schon einige Jahre mit meiner

Frau und unserem Töchterchen als ordentlicher Einwohner eingeschrieben war, von einer illegalen Organisation erhalten hatte, trug den Namen eines mir unbekannten niederländischen Bürgers aus der Provinz Südholland. Es war also ratsam, sich eine Unterschlupfadresse in einer der beiden Provinzen zu suchen.

So verließ ich eines Tages Rekken und fuhr, wohlgemut und im Besitz eines holländischen Passes, mit der Bahn nach Delft, zu Leo und Suse Rientsma und ihren zwei jungen Töchtern. Leo hatte mir schon früher sein Haus angeboten, ich wusste, dass ich jederzeit mit seiner Hilfe rechnen konnte. Als chemischer Ingenieur leitete er das Laboratorium einer dort ansässigen Fabrik. Er war ein großer, dünner Mann mit einem Entenschnabelgesicht, ungemein gefasst und kritische Situationen schnell durchschauend, taktvoll und mit viel Mutterwitz. Er und Arie Bakker, ein Zivilingenieur, der ebenfalls in Delft wohnte, erschraken, als sie sich meinen Pass fachkundig näher ansahen. Da hätte ich aber Glück gehabt! Bei einer Zugkontrolle durch die grüne Polizei hätte man die Fälschung sofort entdeckt. In einem dicken Buch, das die NS-Polizei immer bei sich trug, standen die Nummern und Namen aller bis dato als vermisst gemeldeten Personalausweise.

Leo und Arie gehörten einer kleineren Organisation an, die, wie ich erst später erfuhr, viele Aktionen gegen die Besatzer plante und durchführte. Leo und Arie befassten sich hauptsächlich mit der Herstellung von Papieren und Dokumenten, denen man die Fälschung nicht nachweisen konnte, selbst wenn man sie unter der Quarzlampe untersuchte. Ich bekam von ihnen einen funkelnagelneuen Pass auf den Namen Dr. van der Linden.

Durch Ruth und Wolfgang Simon, die auf einem Dachboden eines Hauses an Postjeskade in Amsterdam mit ihren zwei Kindern und einem anderen aus Cottbus kommenden jüdischen Ehepaar biwakierten, kam ich in Kontakt mit einem Polizeioffizier namens Wijnberg. Er war eine höhere Charge bei der Amsterdamer Polizei. Er hatte die Dachbodenadresse in seinem Haus arrangiert und versorgte seine Schutzbefohlenen mit Lebensmitteln und Neuigkeiten. Als die Simons ihm von meinen Passproblemen erzählten, bestellte er mich auf sein Büro in Amsterdam, um die »Echtheit« meines Passes untersuchen zu lassen. Nachdem die Quarzlampe der Polizei im Pass von Dr. van der Linden keine Spuren von Korrekturen oder Fälschungen entdeckt hatte, konnte ich mich mit Zustimmung von Leo und Arie freier außerhalb des Hauses bewegen.

Mit dem alten Pass hätte man mich bei einer Zugkontrolle sofort festgenommen und auf dem Revier verhört. Ich glaube nicht, dass ich dieses Verhör durchgestanden hätte. Mit dem neuen Pass war mein Sicherheitsgefühl so groß, dass ich meine alte Identität fast vergaß. Ich hatte mir eine Biographie zurechtgelegt, in der die von den deutschen und den englischen Bombern zerstörten Städte eine Rolle spielten. Da ich ja fließend Deutsch und Holländisch sprach, schien es mir bei einem oberflächlichen Verhör für die Polizei äußerst schwierig zu sein, dahinterzukommen, wer der Dr. van der Linden, der in Deutschland studiert hatte, eigentlich war. Im Grunde war ich mir bewusst, dass auch die besterfundene Geschichte sich als eine Lügengeschichte erweisen würde, wenn man sie bis zum Ende durchforstete. Das Einzige, was mir hätte passieren können, bildete ich mir ein, war, dass man mich als Arzt verpflichtet und in irgendeinem Krankenhaus hätte arbeiten lassen. Auch wenn ich das obligatorische praktische Jahr damals in Berlin nicht hatte absolvieren können, hätte ich mich gewiss gut durchgeschlagen.

Es gibt Extremsituationen, in denen man im Maul des Drachen gut aufgehoben ist. Ich reiste auf diese Weise durchs Land dorthin, wohin die Organisation mich hinschickte. Ich trug keine Waffe bei mir, ich habe nie den Umgang mit einer Waffe gelernt. Dadurch fühlte ich mich außerhalb meines Hauses in Delft stets sicher, sicherer.

19

In Rekken erlebte ich die ersten Luftangriffe auf das benachbarte Ruhrgebiet.

Eines Abends, gegen zweiundzwanzig Uhr, ich war schon oben in meinem Zimmer, rief mich Henk aus dem unteren Gang. »Zieh dir einen Mantel an«, sagte er. Wir verließen das Haus und standen einige Zeit im hinteren Teil des Gartens. Es war eine kalte, finstere Aprilnacht. Auf dem weiten Gelände der *Rekkenschen Inrichtingen* standen die Gebäude, in denen die Kinder mit ihren Betreuern wohnten, schwärzer als die Nacht. Aus den verhängten Fenstern drang kein Lichtstrahl. In diese unheimliche Stille drangen die Geräusche von Flugzeugen aus dem unsichtbaren Himmel. »Da kommen sie«, sagte Henk.

Schon in den Nächten zuvor waren vereinzelte Nachtflieger zu hören gewesen. Dieses Mal war das Geräusch stärker, als beträfe es ein kleines Geschwader. Wir warteten. Nach einiger Zeit hörten wir aus der Ferne dumpfe Explosionen und sahen Lichtstrahlen den Himmel in der Ferne erhellen. »Jetzt beginnt es erst«, sagte Henk. Das Bombardement von Rotterdam lag drei Jahre zurück.

Henk und ich standen in der Nacht draußen und hörten den Abflug der Bomber, nach einiger Zeit Luftabwehrgeschütze, und sahen am nächtlichen Horizont in der Ferne, wie der Nachthimmel heller aufleuchtete und sich färbte. Wir standen beide schweigend und sahen das nächtliche Spektakel jenseits der Grenze.

»Fünf Jahre dauert es, Junge«, hatte Jan Goudeket zu mir gesagt, als ich ihn im Sommer 1940 nach seiner Meinung fragte, wie lange der Krieg dauern würde. Fünf Jahre.

Wir hörten, dass Deutschland bombardiert wurde. Es war das erste Mal, dass ich es hörte.

20

»Denk ich an Deutschland in der Nacht« – wenn ich an die Anfangszeile des Gedichtes von Heine denke, dann liege ich wieder auf meinem Lager im Versteck in Delft und höre, wie zuerst in Rekken, das Brummen der von England kommenden Bomber im Anflug auf ihre Ziele. Und wenn ich in Deutschland auf Konferenzen und Symposien oder wie neulich als Gastprofessor in Kassel in Seminaren über meine wissenschaftlichen Arbeiten spreche und mit jungen deutschen Studenten diskutiere, oder wenn ich in einem Vortragssaal oder in einer Buchhandlung lese, dann ist es immer der ehemalige deutsche Jude, der in den Niederlanden, dank seiner holländischen Freunde dort, überleben, seine Arbeit wiederaufnehmen und sich der Kritik stellen konnte. Es ist ein tiefer Spiegel, der wie ein unauslotbarer Reflektor viele, gewiss nicht alle Strahlungen auffängt und zu einem Ganzen zu bündeln versucht.

Meine Schwester Hilde war ungefähr drei Jahre

älter als ich. Ich habe sie immer als ein sehr selbstbewusstes, starkes Mädchen erlebt. Im Vergleich zu ihr fühlte ich mich schwächer und verletzbarer. Sie provozierte den Streit; ich bekam von meinem Vater die Dresche. So schießt es mir in die Erinnerung. Aber zugleich weiß ich, dass es nur zur Hälfte wahr ist. Wenn in einem harten Winter das Eislaufen mich mehr fesselte als die Schulaufgaben, war sie es, die mir bei Latein und Mathematik half, so dass ich nie ein Jahr verloren habe.

Es wäre leicht zu sagen, dass meine Eltern sie bevorzugten, weil sie ein Mädchen war. Sie besuchte das Mädchen-Lyceum in Freienwalde. Mit fünfzehn oder sechzehn wechselte sie in die Obersekunda des Gymnasiums. Zu diesem Zwecke hatte sie ungefähr zwei Jahre lang Nachhilfeunterricht in Latein und Griechisch. Dieser Schulwechsel eines Mädchens an ein Knaben-Gymnasium musste vom Preußischen Kultusministerium abgesegnet werden. Der damalige Kultusminister Becker gab seine Zustimmung.

Sie war eine kleine Prinzessin. Sie war das Lieblingskind meines Vaters. Er war sehr stolz auf sie. Auch auf Fremde machte sie großen Eindruck. Da die jüdische Gemeinde in Freienwalde Anfang der zwanziger Jahre nicht mehr genug Geld hatte, einen eigenen Vorbeter zu bezahlen, kamen aus Berlin ältere Kantoren, um an den Festtagen den Gottesdienst zu leiten. Ich erinnere mich, dass einer von ihnen, ein älterer, etwas kurzatmiger Mann, der an unserem Tisch saß, sich mit meinem Vater und meiner Schwester unterhielt; wie er mir gegenüber die Klugheit und Weisheit meiner Schwester bewunderte.

1934 verließ sie Deutschland und ging nach Paris. Nach einem dreiviertel Jahr kam sie wieder nach Berlin zurück, ging auf Hachschara, eine landwirtschaftliche Ausbildung für ihre Alijah, nach Palästina.

Als meine Eltern 1939 nach Holland kamen, schlug ich ihnen eine Übersiedlung nach Palästina vor. Ohne nähere Angabe von Gründen weigerten sie sich. Sie wollten lieber bei meiner Frau Gertrud und mir in Holland bleiben. Aber Hilde bewirkte von Palästina aus, dass mein Vater, als dekorierter Frontkämpfer des Ersten Weltkriegs, mit meiner Mutter doch noch auf eine Austauschliste kam, die aber dann nicht mehr verwirklicht wurde.

Als ich mit meiner Schwester nach dem Kriege diese Vorgänge besprach, erklärte sie, wenn sie in Holland gewesen wäre, hätte sie meine Eltern gerettet. Diesen Satz habe ich ihr nie verziehen.

21

Im Exil traf ich Hannes Razum wieder.

Beim Turnen in der Halle oder im Freien saß oder stand man viel herum, bis man wieder an die Reihe kam. Dabei bieten sich Gelegenheiten zu Kontakten mit anderen an. Auf diese Weise kam ich ins Gespräch mit Hannes Razum. Er studierte Theaterwissenschaft bei Professor Hermann. Einmal lud er mich um die Weihnachtszeit zu einem Krippenspiel einer Laiengruppe ein, in dem er Regie führte und einen der Hirten spielte. Sein Auftritt auf der Bühne, seine warme, geschulte Stimme, seine in schleppend-wehende Tücher gehüllte, etwas demütig gebogene Gestalt, würdevoll schreitend, in der Hand einen Hirtenstab, und sein wie von Riemenschneider geschnitztes Gesicht – man konnte in ihm den in Turn- und Sportdress, an Geräten oder auf den Sportfeldern sich abquälenden, nach Luft schnappenden Studenten nicht wiedererkennen. Er unterschied sich von allen anderen, die ich in Spandau kannte. Er war ein Außenseiter. Auch nahm er mich einmal mit zu seinen Eltern, einem älteren Handwerker-Ehepaar, bei denen er noch im Wedding, einem Arbeiterviertel in Berlin, wohnte. Nach Abschluss der Spandauer Ausbildung verloren wir einander aus den Augen.

Alle diese Erinnerungen blitzten in mir auf, als ich nach so vielen Jahren auf den Litfaßsäulen seinen Namen entdeckte, auf einem Plakat des *Deutschen Theaters in den Niederlanden*, das die Invasoren in ihrem Gepäck mitbrachten. Er war Spielleiter. Ungefähr vierzehn Jahre waren vergangen, seit wir uns das letzte Mal gesprochen hatten. Wir beide hatten von 1928 bis 1930 in einer Riege der Preußischen Hochschule für Leibesübungen gestanden, in Spandau, wo wir beide Sport studierten.

Es war abstrus. Trotzdem erschien es für einen Moment simpel: Ich würde umsichtig vorgehen und versuchen, Kontakt mit ihm aufzunehmen. Der Telefonistin würde ich auch auf ihre Frage einen fingierten Namen nennen. Schließlich war es ja nicht der Reichskommissar, den ich sprechen wollte, sondern nur sein Oberspielleiter. Aber immerhin *sein* Oberspielleiter. Ich hätte die ganze Sache auch lassen können, vielleicht erinnerte er sich meiner nicht mehr. Ich bildete mir ein, dass ich am Telefon, an der Weise wie er mir Rede und Antwort stand, merken würde, wer er jetzt war, ein anderer Hannes Razum, Oberspielleiter des *Deutschen Theaters in den Niederlanden*, und nicht der ehemalige etwas ungelenke Sportstudent und demütig schreitende Hirte mit dem von Tilman Riemenschneider geschnitzten Gesicht.

Ich rief ihn an in der *Hollandsche Schouwburg*, dem repräsentativen Stadttheater der Residenz Den Haag, die von den Invasoren ebenfalls offiziell in Besitz genommen war. Auf meine in fehlerfreiem Deutsch vorgetragene Bitte wurde ich ohne weiteres mit ihm verbunden. Razum erkannte mich sofort wieder, als ich meinen Namen am Telefon nannte. War er überrascht? Er konnte nicht wissen, dass ich in den Niederlanden lebte. Auch nicht, dass ich ihn aus nächster Nähe, aus Den Haag anrief. Er muss, in der Erinnerung an Gespräche, die wir einst geführt hatten, sofort die Lage begriffen haben, in der wir beide uns befanden. Trotzdem hatte ich meine Zweifel, die zu Vorsicht mahnten.

Ich hatte, bevor ich ins Exil ging, meine Erfahrungen mit ehemaligen Lehrern besprochen, mit Schulkameraden, Bekannten, Freunden, die mir alle viel bedeuteten und denen auch ich, wie ich annahm, nicht gleichgültig war, Menschen, mit denen ich mich auch durch die Gemeinsamkeit der Sprache verbunden gefühlt, auch Professoren, bei denen ich studiert hatte und die mir auch die humanen Grundlagen meines Faches vermittelten, wie ich meinte. In dem kleinen Kreis, in dem sich mein Leben abspielte, in dieser begrenzten Umgebung waren es nur einige, wenige, die sich selbst und unsere Freundschaft nicht im Stiche ließen. Seine Stimme und die Weise, wie er mir am Telefon entgegenkam und mich begrüßte, war unverändert. Ich verspürte nichts von dem Schneidigen, Forschen oder von einer übertünchten Großspurigkeit der Männer, die zu früh die Siegesfanfaren erschallen ließen. Ich erinnere mich nicht mehr, ob er mich fragte, wo ich mich zur Zeit aufhielte. Wir machten eine Verabredung und trafen uns zwei Tage später in einem Café in Den Haag. Seine äußere Erscheinung war verändert, er sah besorgter aus, ich hatte ihn nie in einem Anzug mit Hut, Schlips und gewöhnlichen Schuhen gesehen, sein früher ungekämmter, wirrer Haarschopf war geschnitten. Hatte ich ihn denn in Uniform mit Insignien der Partei erwartet? Natürlich gaben wir uns bei der Begrüßung die Hand und sagten einige Worte, aber welche? Bestimmt nicht: »Wie geht es denn? Was machst du, wie steht es mit der Familie« und so weiter. Anscheinend fand er die Situation genau so abstrus wie ich, und wir waren beide verlegen, taten aber so, als wäre unser Treffen die natürlichste

Sache von der Welt. Wobei wir die Welt stillstehen ließen und die Zeit und was sich in vierzehn Jahren alles abgespielt hatte.

Es war ein eigenartiges Wiedersehen, das wir beide in dem Café in Den Haag zelebrierten. Derselbe dunkle Impuls, der mich trieb, ihn anzurufen, muss ihn ebenfalls ohne weiteres bestimmt haben, sich mit mir zu treffen. Da saßen wir denn und unterhielten uns, als bestünden zwischen uns keine Geheimnisse eines zeitpolitischen Geschehens, die eine Klärung oder besser Erklärung benötigten. Ich erinnere mich nicht mehr näherer Einzelheiten unseres Gesprächs. Ich wiederholte, was ich ihm bereits am Telefon gesagt hatte, dass ich seinen Namen zufällig entdeckt hätte. Er fragte, seit wann ich in den Niederlanden lebte.

»Du hattest doch Medizin studiert«, fragte er. Ich bejahte. Anscheinend waren ihm die persönlichen Widrigkeiten in ihrer Allgemeinheit bekannt.

»Nach meinem Staatsexamen habe ich als Sportlehrer gearbeitet«, sagte ich, »unter anderem im Einstein-Haus des Landschulheims Caputh.«

»Einstein«, wiederholte er nur. Wir beide verschwiegen viel. Aber ein jeder wusste es vom anderen.

»Du hast publiziert«, sagte er. Ich winkte ab, das Thema war nicht mehr aktuell für mich. Ich fragte nach seiner Arbeit am Theater. Er erzählte, dass man ihm die Arbeit am Deutschen Theater in Den Haag angetragen habe. Es hörte sich an, als habe er keine andere Wahl gehabt. Er arbeite mit einem *ad hoc* zusammengestellten Ensemble, täglich fänden Veränderungen statt, es sei eine schwierige Arbeit mit schwierigen Leuten. Übertrieb er? Warum?

Was hatte ich, was hatte er von unserer Begegnung erwartet? Da saßen zwei Männer und versuchten für dreißig, vielleicht fünfundvierzig Minuten aus der Zeit zu treten, indem sie viel verschwiegen, was mit ihrem Leben in der Zeit zusammenhing. Verlor ich, und war es nur für einen kurzen Moment, meinen Argwohn, meine Vorsicht, als ich mein Gegenüber in sich versunken dasitzen sah wie einst, in Spandau, in Berlin?

Zum Abschied gab er mir ein dünnes Buch mit dem Text eines Theaterstückes, das er verfasst hatte. Nach seiner Beschreibung handelte es sich um eine Mischung aus Märchen und Komödie. Als ich das Buch aufschlug, sah ich den Namen eines Autors, der mir, was nicht verwunderlich, unbekannt war. Ich fragte ihn danach und erhielt die Antwort, dass er es sei, er habe das Stück geschrieben und wolle es mit seinen Schauspielern aufführen. Schauspieler jedoch, vor allem hier am Deutschen Theater, seien schwierige Menschen. Sie bräuchten nicht zu wissen, dass er auch der Autor sei. Darum wählte er einen Decknamen.

Ich nahm das Buch mit und versprach es zu lesen. Wir trafen eine neue Verabredung. Nach einer Woche brachte ich es ihm zurück, in demselben Café.

Erst viel später fiel mir ein, dass unser Treffen mehr als ein Jahr nach Stalingrad stattfand. Hatte dieses das Kriegsglück wendende Ereignis Einfluss auf meinen Entschluss gehabt, ihm zu begegnen? In jenen Tagen verspürte ich auch in meinem persönlichen Dasein noch keine Spur von Befreiung, wenn ich überhaupt je dieses Gefühles fähig gewesen wäre. »Fünf Jahre«, hatte Jan Goudeket gesagt, als ich ihn nach der Okkupation der Niederlande nach der Dauer des Krieges befragte. Ich kannte ihn und seine Frau, Marianne Philips, eine angesehene holländische Autorin, seit einigen Jahren; sie beide hatten uns bei der Übersiedlung meiner Eltern sehr geholfen. Obgleich ihm bewusst war, was auch ihm als Sozialisten und holländischen Juden bevorstand, behielt er einen kühlen Kopf. Nach dem Krieg, den er auch im Versteck überstand, erinnerte ich ihn an seine Worte. Fünf Jahre. Sie brachten Hoffnungslosigkeit und Verzweiflung, wenn mit den Erfolgen des Blitzkrieges zu Anfang sich eine andere Dauer abzuzeichnen schien. Aber zugleich nährten sie auch die guten Hoffnungen, in denen sich die Ungeduld versteckt hielt.

22

In der Fremde zu Hause – man hat mich oft gefragt, wie ich zu diesem paradox erscheinenden Bild gelangte. Meine Antwort war, dass ich hier, in Holland, schließlich meine Arbeit gefunden hätte, nicht irgendeine, sondern meine Arbeit, mit Kindern und Erwachsenen, mit Überlebenden der Besetzung, Verfolgung und Deportation, mit Juden und Nicht-Juden.

Unlängst las ich in einem kleinen Essay von Emmanuel Lévinas eine Erklärung, die meine Formulierung zu bestätigen scheint: Abraham habe, als er auf Geheiß Gottes seine Heimat in Ur-Kašdim verließ und sich auf Wanderschaft begab, in der Wüste einen Baum gepflanzt, eine Terebinthe. Dem Talmud zufolge sind die drei in diesem Wort vorkommenden Konsonanten TRB die Anfangsbuchstaben der hebräischen Worte für Getränk, Nahrung und Wohnung. Abraham war in der Wüste zu Hause.

Epilog

Einige Tage nach meinem einundneunzigsten Geburtstag machte ich, auf meinen Stock gestützt, meinen täglichen Spaziergang. Das Wetter war angesichts der Jahreszeit noch mild und erfrischend. Als ich auf dem Rückweg in eine stillere, verkehrsarme Seitenstraße einbog, sah ich ein Kind, einen kleinen Jungen, mit seiner hölzernen Laufplanke spielen. Er warf sich platt auf das Gerät und versuchte, es mit seinen Händen in Fahrt zu bringen. Als er mich sah, sprang er auf und rief, bevor ich in seiner Nähe war: »Du bist alt.«

»Ja, ich bin alt«, erwiderte ich und kam näher. Er nahm die Laufplanke in seine Arme und sah mich unverwandt an. »Du bist alt«, wiederholte er und starrte mich weiter an. Ich überlegte, ob ich ihm sagen sollte, wie alt ich war. Und wiederholte nur: »Ja, ich bin alt. Sehr alt. Und du bist noch jung, vielleicht vier oder fünf Jahre.«

»Ich bin drei«, sagte der Junge selbstbewusst.

»Ich habe gedacht, du wärest vielleicht schon vier oder gar fünf.«

Das Kind schüttelte seinen Kopf und wiederholte: »Ich bin drei.«

Mit drei sind die Zahlen noch nicht stabilisiert, dachte ich, es war gut, dass du ihm nicht genau gesagt hast, wie alt du bist, sprach ich mir zu. Der Junge sah, dass ich Anstalten machte, meinen Spaziergang wiederaufzunehmen, sein hölzernes Spielgerät an sich gedrückt, lief er in die Richtung der Auffahrt des Hauses, in dem er wohnte.

Plötzlich drehte er sich um und rief laut: »Wo wohnst du?«

»Ganz nahe«, rief ich zurück.

»Wo denn?«, hörte ich ihn aufs Neue rufen.

»Hier geradeaus und dann links die Straße hinauf. Direkt an der Kreuzung steht mein Haus.«

Ich hörte eine Frauenstimme, die ihn ins Haus rief.

Ich verfolgte meinen Weg, erst geradeaus und dann links, die Straße hinauf, keine hundert Meter, an der Kreuzung, da steht mein Haus, in Holland.

Hundert Jahre
Ein Gespräch mit Hans Keilson

Hans, du bist jetzt hundert Jahre alt, in diesem Jahr wirst du hunderteins. Was empfindest du, wenn du an diese Zahl denkst?

Hundert – das ist eine magische Zahl. Als ich geboren wurde, war der Erste Weltkrieg noch nicht in Sicht. Man könnte sich mit diesem Alter brüsten. Aber das ist ja Unsinn. Was ich in den hundert Jahren *erlebt* habe – das macht den Wert dieser Zahl aus. Nur das ist ihre Bedeutung. Was ich erlebt und *über*lebt habe.

Was kommt dir da zuerst in den Sinn?

Da ist zuerst die Trauer. Die Trauer über meine Eltern. Und über viele Freunde, die ich verloren habe. Die ermordet worden sind. Die Trauer ist eigentlich die Grundlage meines Lebensgefühls.

Dabei wirkst du auf die meisten Menschen so heiter und zuversichtlich.

Ja, ich gehe damit um, ich lasse es mir nicht anmerken. Aber das Gefühl der Schuld, dass ich meine Eltern nicht gerettet habe, das ist immer da. Das ist enorm. Ich frage mich immer, ob ich alles versucht habe, es hört nicht auf.

Du hattest sie doch schon aus Deutschland herausgeholt?

Meine Eltern waren ja längst schon nach Holland nachgekommen. Drei Jahre lebten sie in einer Wohnung in Naarden, in der ich vorher mit Gertrud gewohnt hatte. Ich sehe meine Mutter da am Fenster sitzen. Sie hätten untertauchen müssen wie ich, aber dazu hätten wir auch Geld gebraucht. Es war übrigens eine riskante Angelegenheit. Aber vor allem: sie waren alte, kranke Leute. Sie wollten das auch nicht mehr. Und dann: was sollte man tun, wenn ein Untergetauchter krank wurde, wenn er oder sie starb? Ich habe davon in *Komödie in Moll* erzählt, von einer solchen Geschichte, die sich in unserer Nachbarschaft wirklich ereignet hat.

Du warst fünf Jahre alt, als der Erste Weltkrieg ausbrach, in dem dein Vater mitkämpfte. Hast du noch Erinnerungen daran?

O ja! Ich höre noch den militärischen Schritt meines Vaters, wenn er am Sonntag zum Bahnhof ging, um nach Berlin zu fahren, ich habe wirklich noch genau dieses Geräusch im Ohr. Und ich sehe ihn in seiner Uniform, leibhaftig. Eine Zeitlang kam er noch an jedem Wochenende. Dann wurde er nach Frankreich geschickt und kam lange nicht mehr nach Hause. Er wurde dann als Frontkämpfer ausgezeichnet. Ein jüdischer Frontkämpfer …

Und das Kriegsende?

Ja, auch an die Revolution in Freienwalde 1918 habe ich sehr genaue Erinnerungen, da war ich acht Jahre alt. Ich weiß noch, wie alles zum Rathaus rannte und wie mein Vater mir erklärte, nun hätte der Kaiser abgedankt.

Als du 1936 Deutschland verlassen musstest, hattest du schon begonnen, dir einen Namen als Autor zu machen, mit dem neusachlichen Roman Das Leben geht weiter.

Mir einen Namen zu machen … Ich bezweifle, dass ich als junger Autor bekannt war. Ich hatte Anfang 1933 mein erstes Buch veröffentlicht, in einem sehr guten Verlag, bei S. Fischer. Oskar Loerke hat es lektoriert, auch Peter Suhrkamp habe ich damals kennengelernt, er war ein reizender Mann. Sogar dem alten Samuel Fischer habe ich einmal die Hand gegeben. Er hatte mich als jungen Autor zu einem Mittagessen in sein Haus eingeladen, in die Erdener Straße im Grunewald. Er schüttelte mir die Hand und sagte anerkennend: »Wir bringen ja jetzt ein Buch von Ihnen!« Auch Döblin habe ich getroffen, damals. Aber ich hatte trotzdem nicht diesen Ehrgeiz, nicht den Stolz eines Literaten. Die Zeit war einfach nicht danach, Anfang 1933.

Was war das für eine Zeit, für dich persönlich?

Es war eine Zeit, in der viele Juden, vor allem jüdische Frontkämpfer des Ersten Weltkriegs wie mein Vater, dachten, uns geschieht nichts, uns wird nichts geschehen. Ich war 1933 der letzte Jude, der noch bei S. Fischer debütierte. Oskar Loerke drängte mich zur Auswanderung, er meinte es gut. Loerke hatte so eine Art bäurischer Ahnung. Ich glaube, er hat wirklich geahnt, was da kommen würde.

Zu dieser Zeit war ich Lehrer an jüdischen Schulen in Berlin, Sport-, Turn- und Schwimmlehrer. Als ich nach Berlin gekommen war, hatte ich neben dem Medizinstudium auch noch eine Sportlehrerausbildung gemacht. Es fällt vielleicht schwer, das zu verstehen, aber ich dachte: ich komme aus einer kleinen Stadt in der Provinz in diese Großstadt mit all ihren Versuchungen und Verführungen. Und da ist das ein Akt der Selbsterhaltung, um gesund zu bleiben. Außerdem spielte ich, um mein Studium zu finanzieren, Trompete in einem Tanzorchester, eine schöne amerikanische Trompete; wir waren bei allen großen Bällen dabei. Aber vor allem studierte ich Medizin. Denn es war mir schon klar, dass ich Arzt werden wollte.

Woher kam diese Gewissheit?

Der Entschluss ergab sich letztlich aus den Gesprächen mit einem Onkel, der eine Praxis in Hamburg hatte. Ich hätte diese Praxis übernehmen sollen. Dazu hatte ich aber insgeheim gar keine Lust. Ich wollte irgendwie mehr, ohne genau zu wissen, was das war.

Damals hast du auch schon angefangen, Gedichte zu schreiben, oder?

Damals in Berlin habe ich nur ein einziges Gedicht veröffentlicht, ich kann es noch immer auswendig. *Neuer Psalm* hieß es, es erschien in der Zeitschrift *Der Morgen*. Es begann mit den Versen: »Tot sind sie alle, Gott, die Dich einst lobten, / und anderer Stimmen sind gebannt in Schweigen.« 1936 bin ich dann nach Holland gegangen, da begann ich eine Menge Gedichte zu schreiben. Judengedichte. *Wir Juden* ... war darunter. »Wir Juden sind auf dieser Welt / ein schmutziger Haufe billiges Geld, / von Gott längst abgewertet.« Ich zeigte es einem Freund, weil ich Sorgen hatte, man könnte es als antisemitisch missverstehen; er beruhigte mich. Der Dichter und Publizist Anton van Duinkerken, er war in Holland ein bekannter katholischer Dichter, hat neun dieser Gedichte in seiner Zeitschrift *De Gemeenschap* veröffentlicht.

Was bedeutete es damals für dich, diese Gedichte zu schreiben?

Ich weiß nicht, ob es gute Gedichte waren. Aber sie waren – echt. Es waren *meine* Gedichte. Die Prosa, diese paar Sachen, die ich gemacht habe, die finde ich auch ganz hübsch, aber die Gedichte stehen einfach meinem Herzen näher. Ja, von dem, was ich literarisch geschrieben habe, waren mir eigentlich diese Gedichte das Wichtigste. Es hat mit dem musikalischen Moment daran zu tun. Ich war ja schließlich auch Musiker.

Diese Liebe zur Musik ist dir ebenso geblieben wie die zum Schreiben.

Als ich aus Deutschland wegging, war es mit dem Trompetenspiel vorbei, obwohl ich diese Jazznummern immer noch liebe. *I can't give you anything but love*, *Get happy* – ah …! Ich konzentrierte mich auf die Geige, im Laufe der Zeit habe ich alle Mozart-Konzerte gespielt, mit Freunden viele Quartette, auch in der Untertauchzeit. Auf der Geige habe ich in letzter Zeit wieder ein bisschen zu spielen begonnen, nur für mich, es geht gar nicht so schlecht. Siehst du: meine Hände zittern nicht. Immerhin.

Kannst du dich an deine ersten literarischen Erfahrungen erinnern?

Mein erster literarischer Text war, soweit ich mich erinnern kann, dieser kleine Essay über Hermann Hesses *Demian*, den ich als Siebzehnjähriger für einen

Wettbewerb schrieb. Ich habe einen kleinen Preis dafür bekommen, damit fing das an.

Im Rückblick sieht das beinahe aus wie ein Vorzeichen: dein erster Aufsatz, über einen Roman, der etwas so Psychoanalytisches hat.

Ein psychoanalytischer Roman, findest du, ja? Eigentlich ist so vieles, was Hesse damals geschrieben hat, auch psychoanalytisch, nicht? *Narziß und Goldmund* zum Beispiel. Aber der *Demian* natürlich auch. – Aber eine ganz andere literarische Erfahrung der Schulzeit war für mich mindestens ebenso wichtig, ich habe sie öfter erzählt, sie ist aber auch danach. Unser Deutschlehrer in Freienwalde, er hieß Geißler, forderte uns auf, unser Lieblingsgedicht auszusuchen, wir wollten dann in der Klasse darüber sprechen. Ich wählte Heines Gedicht *Die schlesischen Weber* und rezitierte es. Da stand der Klassensprecher auf – ich weiß tatsächlich auch seinen Namen noch immer, er war der Sohn des Kolonialwarenhändlers – und sagte, die Klasse weigere sich, dieses Gedicht zu diskutieren. Es beschmutze das eigene Nest, das war sein Ausdruck. Das war der Anfang, für mich. Das war eigentlich der Anfang der Nazizeit.

Über ein anderes Heine-Gedicht, *Denk' ich an Deutschland in der Nacht*, habe ich dann in der Untertauchzeit in Holland ein eigenes Gedicht geschrieben. Es beginnt: »Denk ich an Deutschland in der Nacht – / Wie oft hab ich den Vers gelesen.« Das war 1944. Da dachte ich an Deutschland auf andere Weise.

Inwiefern?

Ich dachte an die Bombardements. Ich lag in Holland, ich dachte an die guten Freunde, die in Deutschland geblieben waren, die keine Juden waren. Ich dachte nicht, wie viele meiner holländischen Mitbürger, dass es jetzt endlich die Nazis auf die Mütze bekämen. Ich dachte, jetzt kriegen es die Deutschen aufs Dach. Es war furchtbar. »Und wenn es dämmert, ziehn vom Meer / Flieger herauf zur Phosphorschlacht. / Ich lieg auf meinem Lager, schwer, / denk ich an Deutschland – in der Nacht.«

Warum hast du Deutschland nicht einfach gehasst?

Schon weil ich das Deutsche ja nicht verlernt hatte, weil ich deutsch-jüdische Gedichte schrieb und veröffentlichte, weil ich überhaupt versuchte, deutsche

Texte zu schreiben: schon deshalb konnte ich Deutschland nicht hassen. Das Deutschland, das ich als Kind und junger Mann gekannt habe, hörte nicht auf, mir etwas zu bedeuten. Deutschland, das war Hirschberg im Riesengebirge, der Geburtsort meiner Mutter. Da haben wir meine Großmutter besucht und sind gewandert, da habe ich auch zum ersten Mal in meinem Leben Schlagsahne gegessen. Deutschland war Swinemünde, wo wir am Strand gewesen sind. Das sind Orte, an denen ich hing und über deren Verlust ich trauerte. Und immer noch trauere. Ich habe mein Leben lang immer wieder so glückliche Erlebnisse in Deutschland gehabt, dass ich Deutschland nicht hassen konnte.

Du sagst das, als müsstest du es jemandem beweisen.

Es gehört zu meinen hundert Jahren, dass ich mich immer noch vor meinen Eltern rechtfertigen muss, indem ich ihnen immer wieder sage, dass ich Deutschland nicht hassen *kann*. Ich höre sie sagen: Aber Hans, wie kannst du …! Ich muss es meinen Eltern versichern. Gegen ihre Vorwürfe.

Aber Deutschland war ja auch das Land, das dich verfolgt und verjagt hatte. War das nicht wirklich Grund zum Hass?

Nein, ich habe das unterschieden. Es war für mich ein menschliches, aber auch ein wissenschaftliches Problem. Die Kinder, mit denen ich dann zu tun hatte, schon seit meiner Arbeit in der Untergrundgruppe – diese Kinder sind Waisen geworden, weil die Nazis die Juden hassten. Die Nazis haben diesen Hass nötig gehabt, weil sie ihre Probleme, ihre Selbstzweifel auf jemanden projizieren mussten. Und sie sind selbst zugrunde gegangen an ihrem Hass. Hitler ist zugrunde gegangen an seinem Hass. Dieser Hass, das war das Problem, das mich beschäftigte.

Auch Hitler hat dich beschäftigt, als »der Feind« in deinem Roman, als psychologischer Fall –

Hitler war für mich – eine Schicksalsfigur. Er war nicht gerade mein Patient, ich kannte auch seine Geschichte nicht (*Mein Kampf* habe ich zu lesen versucht, ich fand es ungenießbar), aber ich dachte, er müsste ein sehr gestörter Mann sein. Jemand, der nicht liebhaben konnte. Ich glaube, dass er seine gesamte Sexualität in seinen aggressiven Phantasien ausgelebt hat.

Auf der Flucht vor Hitler, auf der Flucht vor Deutschland bist du niederländischer Staatsbürger geworden.

Ich bin Holländer. Ich war Deutscher. Ich bin ein niederländischer Arzt, der auch auf Deutsch publiziert. Als ich vom Tod meiner Eltern gehört habe, habe ich aufgehört, ein Deutscher zu sein.

Nie ein Gedanke an Rückkehr?

Ich wusste, ich würde in Deutschland nicht praktizieren können. Die Deutschen müssen wohl gegenüber mir ein Schuldgefühl haben, dachte ich, weil ich ein Jude bin und weil sie Deutsche sind. Egal, ob sie etwas damit zu tun hatten oder nicht, sie mussten wohl dieses Schuldgefühl empfinden. Da kann ich kein Psychotherapeut mehr für Deutsche in Deutschland sein, dachte ich.

Das klingt alles so vernünftig …

Aber ich *bin* so vernünftig, Heinrich, sonst hätte ich nicht überlebt! Die Vernunft ist eine Begabung, die ich gebraucht habe.

Und die dir nie abhandengekommen ist?

Ich konnte nicht einmal fanatisch sein. Einmal habe ich versucht, ein quasi zionistisches Gedicht zu schreiben mit dem Titel *Alijah*. Später nannte ich es *Rückkehr*, weil es, oberflächlich gesehen jedenfalls, ein Gelegenheitsgedicht war, ein Dank für die Gastfreundschaft meines ältesten niederländischen Freundes, er hieß Cas Emmer. »Wir wollen nun endlich nach Hause gehen, / die Gastgeber sind müde schon.« Am Ende heißt es darin: »Ade nun, Freunde und Feinde, / zu lange währte dies fast. / Das nächste Mal wieder / seid Ihr bei uns zu Gast.« Das spielt darauf an, dass das Alte Testament eben eher da war als das Neue. Wir waren zuerst da, ihr seid bei uns zu Gast.

»Die älteren Brüder im Glauben«, hat Johannes Paul II. die Juden genannt, diesen Ausdruck hast du einmal sehr gelobt.

Meine erste Frau war Katholikin, ich lebte in der Untertauchzeit in einem liberalen katholischen Milieu; diese Zeitschrift *De Gemeenschap* spielte da eine wichtige Rolle. Aber die Haltung der Kirche, das war schon ein Problem. Pius XII. hatte aus dem Wahn heraus, dass Hitler doch gegen den Bolschewismus kämpfte, nichts gegen Hitler gesagt. Dabei war die katholische Kirche die wichtigste religiöse Macht in Europa. Aber abgesehen von einzelnen Pfarrern, Prälaten oder Bischöfen hat sie, als Institution, geschwiegen. Der Papst hat geschwiegen. Das alles ist eine *wahnsinnige* Geschichte, es ist so wichtig, sie aufzuschreiben. Meine Frau war über das Schweigen der Kirche so empört, dass sie schließlich zu einer liberalen jüdischen Gemeinde konvertiert ist; ich werde eines Tages neben ihr begraben werden. Als dann viel später Johannes Paul II. sagte, die Juden seien »die älteren Brüder« der Christen, ja, da hat mich das sehr bewegt. Aber es kam fünfzig Jahre zu spät.

Die Vernunft war für dich ein Überlebensmittel, sagst du. Du meinst damit auch die Psychoanalyse, mit der du dich damals zu beschäftigen begonnen hast?

Die Psychoanalyse war in der Untertauchzeit und danach ein Versuch, meine tiefe Trauer zu bewältigen. Es hatte mit dem Plan zu tun, den *Tod des Widersachers* zu schreiben. Das war damals, als ich das Manuskript aus Angst vor Hausdurchsuchungen im Garten vergrub, eine Novelle von ungefähr vierzig Seiten, es wurde erst zum Roman, als ich nach dem Krieg wieder damit anfing. Ja, dieser Entwurf trug auch dazu bei, dass ich mich dann nach dem Krieg in den Niederlanden als Psychiater und Neurologe spezialisiert habe.

War da die Ausbildung zum Sportlehrer nicht ein großer Umweg gewesen?

Nein. Es hat mir in meiner psychologischen Arbeit sehr genützt, dass ich als Lehrer an jüdischen Schulen pädagogische Erfahrungen gemacht hatte.

Du hast dann viele, wirklich viele Jahre lang als Psychoanalytiker gearbeitet, hast wissenschaftliche Arbeiten zur Traumaforschung veröffentlicht, hast Fallgeschichten erzählt …

Dabei bin ich im Laufe der Zeit sehr vorsichtig mit der Psychoanalyse geworden. Das Wichtigste an meinen Arbeiten sind nicht meine Deutungen, sondern es ist das Wissen meiner Patienten, dass sie jemanden haben, der zuhört. Der ihnen gut zuhört. Ich habe eigentlich nie geraucht – nur während der Therapien habe ich manchmal Pfeife geraucht. Damit ich nicht so viel schwätze.

Das Zuhören ist also deine Hauptarbeit gewesen?

Die Einsicht, dass man alles erzählen muss – dass dich das krank macht, was du verschweigst, was du auf deine Feinde projizierst –, diese Einsicht war Freuds große Leistung. Dass er auch über kindliche Sexualität und so geschrieben hat, ist schon in Ordnung, aber seine Leistung war diese Entdeckung. Das ist meine Wahrheit. Sie hat auch etwas mit meinem literarischen Schreiben zu tun.

Kannst du das erklären?

Schon als junger Mann war ich nicht von literarischem Ehrgeiz getrieben, wirklich nicht. Aber ich begann, meine Trauer zu definieren: *Das* war es. Dass ich nicht übernehmen durfte, was mein Feind mir als Definition zuschrieb. Und dass ich nicht dasselbe mit ihm machen wollte. Weil der Hass eine selbstvernichtende Doktrin ist.

Dein Roman Der Tod des Widersachers *ist weniger als die zeitgeschichtliche Erzählung konzipiert, als die er oft gelesen wird, sondern eher als eine Parabel oder eine Allegorie über die Mechanismen des Hasses – oder?*

Dass im ganzen Roman die Worte »Jude« oder »Nationalsozialismus« nie auftauchen, das war auch eine Art infantiler Instinkt, ein Reflex aus den Untertauchjahren. Aber es führt auch dazu, dass das Buch nicht nur von dieser Erfahrung handelt, sondern übertragbar ist. Es handelt auch von Israelis und Palästinensern, zum Beispiel. Dieser Roman – und er nimmt ja auch Essayistisches in sich auf – fasst zusammen, was ich denke. Er handelt von der Trauer und von dem, was Menschen sich selbst zufügen.

Über diese Lebensthemen hast du dann in deinen wissenschaftlichen Arbeiten geschrieben, aber auch in den Essays. Was ist für dich der Unterschied?

In den Essays und Vorträgen habe ich mehr versucht, mich auf das jeweilige Publikum einzustellen, das ist alles.

War es für dich selbstverständlich, dass du in Holland weiter auf Deutsch geschrieben hast?

Ich sprach in Holland natürlich Niederländisch. Aber meine eigene, meine natürliche Sprache war das Deutsche. Es war die Sprache meiner Kindheit. Es war die Sprache meiner Eltern. Es war meine Natur.

Und die Heimat?

Ja, die Sprache war die Heimat.

In den letzten Monaten sind zwei deiner Romane in den USA neu erschienen, wo der Widersacher *ja schon in den sechziger Jahren auf der Bestenliste der Kritiker gestanden hat. Der Erfolg diesmal ist aber, man muss schon sagen: überwältigend. Ein Gespräch mit dir hat neulich auf der Titelseite der* New York Times *gestanden, deine Bücher wurden hymnisch rezensiert, Übersetzungen in anderen Ländern sind in Arbeit, sogar von einer Verfilmung ist die Rede. Wie fühlt es sich an, berühmt zu sein?*

Ja, merkwürdig, dass ein Buch wie der *Widersacher* nach fünfzig Jahren noch einmal so viel Aufsehen erregt … Es ist ein bisschen spät, aber ich finde es schön. Dass ich nun berühmt sein soll … es gibt viele Menschen, denen widerfährt, was mir in der letzten Zeit widerfahren ist. Nur sind die dann schon tot. Dass ich es noch mitbekomme, das ist mein Privileg. Wenn die Journalisten kommen und mich ausfragen – das freut mich, ja, natürlich. Und dass es so reizende Menschen sind. Nicht dass sie mich bewundern, aber dass sie Respekt haben, vor meinem Alter, vor meiner Arbeit. Doch, das freut mich, ich bin ja nicht weniger eitel und stolz als früher. Das normale Maß an Eitelkeit habe ich noch. – Aber übertrieben ist es trotzdem.

Kein befriedigter Ehrgeiz?

Was ich in den hundert Jahren literarisch geschrieben hatte, ist ohne literarischen Ehrgeiz entstanden. Es musste einfach heraus. Es klingt vielleicht nicht sehr vornehm, das zu sagen, aber da war etwas, das mir einfach quer im Hals saß, das musste ich loswerden. Meine *Sequentielle Traumatisierung bei Kindern*, die Studie, die aus meiner Arbeit mit jüdischen Waisen hervorgegangen ist, das ist das Buch, das überleben wird. Was will ich mehr?

Auch in deiner Geburtsstadt hast du einige Ehrungen bekommen.

In Bad Freienwalde haben sie zu meinem hundertsten Geburtstag einen Gedenkstein aufgestellt. Das Schöne ist, dieser Findlingsblock ist so groß, dass er bleiben wird – er ist einfach zu schwer, um ihn zu stehlen.

Dein Erinnerungsbuch Da steht mein Haus – *wann hast du das zu schreiben begonnen?*

Es sollte gar kein Buch werden, es begann einfach als eine Sammlung von Einfällen und Notizen, hier und da, neben meiner Praxis. Erinnerungen, Szenen. Dinge, die mir vor dem Einschlafen einfielen und die ich festhalten wollte. Ich schrieb sie in den Computer.

Du hast dann diese Schreibarbeit aufgegeben, als deine Augen zu schwach wurden.

Ja, als ich nicht mehr gut selbst schreiben konnte, habe ich eine Zeitlang meiner Frau Marita diktiert, was mir einfiel, im Sommer 2002. Wir nannten es spaßeshalber »Memoiren eines Zugeknöpften«, weil sie mich immer ausfragen musste. Aber sie ermutigte mich, weiterzumachen, und es machte mir Freude, und so ging es eine Zeitlang.

Es wurde dann doch bald eine Menge Text, eine Art autobiographischer Erzählung. Hattest du da nicht doch irgendwann die Vorstellung, ein Buch zu machen?

Vielleicht dachte ich daran, ja. Ich erinnere mich nicht mehr sehr genau. Ich hatte lange Zeit dieses ganze Vorhaben fast wieder vergessen. Darum war es auch jetzt für mich selbst eine überraschende Feststellung, dass ich so viel geschrieben hatte. Du musst bedenken: als ich anfing, hatte ich ja noch eine ziemlich große therapeutische Praxis. Die nahm die meiste Zeit in Anspruch, diese Arbeit war für mich das Wichtigste.

Wichtiger als dein Schreiben?

O ja. Viel wichtiger. Ich bekomme bis heute immer wieder Post oder Anrufe von ehemaligen Patienten, aus den Niederlanden oder Israel oder anderen Ländern, manche sind selbst schon sehr alt geworden, und sie sagen mir, ich hätte ihnen geholfen, die Würde in ihrem Leben wiederzufinden. Ich geniere mich, das so zu zitieren, aber es ist so. Gerade heute rief mich ein ehemaliger Patient aus Israel an, ein alter Mann, der eben Großvater geworden ist und mir dies mitteilen wollte. Ich habe ihn kennengelernt, als er ein Waisenkind war, ein Überlebender der Shoa, ich habe über viele Jahre mit ihm gearbeitet, ich habe ihm, glaube ich, wirklich geholfen. Ja, das ist für mich das Wichtigste gewesen. Von allem.

In deinen Erinnerungen ist diese Zeit, die Untertauchzeit, besonders lebendig, aber auch deine Kindheit und Jugend in Freienwalde, die Porträts deiner Eltern –

Ich dachte an sie, als ich diese Dinge schrieb. Ich denke jeden Tag an meine Eltern. Immer.

Wie kam es dazu, dass du dir diese Texte wieder vornahmst?

Es liegt an diesem ganz plötzlichen Erfolg, den meine alten Bücher in Amerika hatten und danach auch in anderen Ländern. Das war wirklich ein Durchbruch, ja, so kommt es mir vor. Es hatte ja schon früher Übersetzungen gegeben, *Der Tod des Widersachers* war schon 1962 in Amerika erschienen und in *Time* ausführlich besprochen worden. Aber das blieb eine vorübergehende Angelegenheit, unter ein paar Lesern und Kritikern. Das war diesmal ganz anders. Es gab – und es gibt immer noch – ein wirkliches Interesse an diesem Roman, auch an der *Komödie in Moll*, an meinen psychiatrischen Arbeiten, vor allem der *Sequentiellen Traumatisierung*, sogar an meinen Gedichten. Ich werde ausgefragt von Journalisten, die das wirklich gelesen haben, die offen und neugierig sind. Und da war also noch immer diese Sammlung von autobiographischen Notizen und Entwürfen in unserem Computer –

– die sich aber auf den zweiten Blick als schon ziemlich durchgearbeitet erwies.

Ja, aber um das zu bemerken, mussten die Dateien überhaupt erst einmal geordnet werden. Es war doch ein Durcheinander. In den letzten Jahren sind die Entwürfe einfach liegengeblieben, und irgendwann hätte ich sie beinahe vergessen. Vielleicht hättet ihr sie später mal gefunden, wer weiß. Ich bin glücklich, dass nun dieses Buch erscheint. Dass ich das erlebe, eine Neuerscheinung, mit hunderteins, das gibt es nicht so oft, oder?

Nein, bestimmt nicht … Ist der Titel nicht zu lakonisch?

Ich finde, er ist offen. Jedenfalls soll er das sein. Er öffnet eine Tür.

Sprechen wir noch einmal über dein Alter …

Hundert zu sein, ja … Das hat auch etwas damit zu tun, dass ich mich verabschieden muss. Von meinem Augenlicht zum Beispiel. Ich sehe nur noch sehr schlecht und kann bloß mit einem umständlichen Apparat noch etwas lesen, nicht mehr als zwei, drei Seiten pro Tag. Und ich versuche, meine Augen zu schonen, damit ich wenigstens noch ein bisschen erkenne. Also höre ich viel Musik. Verabschieden muss ich mich auch von meiner Beweglichkeit …

Aber diesen Rollator hast du erst vor kurzem bekommen, nach einer Hüftoperation?

Du wirst lachen, ich wurde sogar ohne Rollator geboren. Vor zwei Tagen ist es mir übrigens gelungen, eine Gangart zu finden, die es mir wieder erlaubt, ohne Schmerzen zu gehen. Das überrascht mich. Und als Sportlehrer interessiert es mich. Ich bin ja gehumpelt wie ein alter Mann … Ja, und auch von meinem Gedächtnis muss ich mich manchmal verabschieden, jedenfalls von Teilen davon. Aber was will ich? Ich bin schließlich hundert Jahre alt.

Sag noch etwas mehr über die Vergesslichkeit. Wie ist es damit, wie gehst du damit um?

Als ich jetzt zu Besuch in Bad Freienwalde war, waren alle Kindheitserinnerungen wieder da, an jeder Ecke. Was danach gekommen ist, in den achtzig, neunzig

Jahren, das war einfach zu viel. Da vergesse ich sehr vieles. Ich weiß, dass es im letzten Jahr zu meinem hundertsten Geburtstag ein großes Fest gab, mit vielen lieben Menschen. Aber ich erinnere mich nur noch schattenhaft an das, was da geschehen ist und geredet wurde. Ja, ich vergesse viel. Eine Zeitlang habe ich mich für mein Vergessen geschämt. Aber ich kann das ertragen, weil ich so viele Erinnerungen habe an früher. Und meine Frau hilft mir gut, wenn es sein muss.

Aber du hast ja erst vor kurzer Zeit die psychoanalytische Praxis aufgegeben?

In meiner Praxis hat es allerdings gut funktioniert, bis vor ganz wenigen Jahren. Ich habe ja bis in meine Neunziger hinein meine Praxis betrieben, in unserem Haus, natürlich nur noch mit wenigen alten Patienten. Früher ist das eine große Praxis gewesen.

Du sprichst von diesen Verlusten so sachlich.

Vielleicht bin ich wirklich nicht larmoyant. Aber ich kann sehr traurig sein.

Du bist vor kurzer Zeit noch einmal Großvater geworden.

Ja, ich habe jetzt drei Enkelkinder. Meine älteste Tochter, aus der ersten Ehe, hat eine längst erwachsene Tochter. Aber unsere jüngere Tochter, aus der zweiten Ehe, hat jetzt zwei kleine Mädchen, Leila und Hannah. Oh, die sind wunderbar. Wirklich. Leila, sie ist zweieinhalb, sieht mich manchmal mit großen Augen an. Und dann denke ich, dass sie denkt: Was ist das für ein Mann? Neulich bekam sie ein Zuckerstückchen in ihren Tee, rührte, guckte und fragte dann: »Waar is de suiker nou?« Wo ist der Zucker geblieben? Ja, wo ist der geblieben!

Ich habe mich oft gefragt: Wenn man hundert Jahre alt geworden ist, wie ist es dann eigentlich mit der Angst vor dem Tod?

Das ist eine wichtige und schöne Frage. Ich habe in den Jahren viel Tod erlebt, er ist mir nicht fremd. Aber in den letzten Jahren kommt er mir näher – ich muss ihn in mir identifizieren.

Wie geht das?

Es kommt vor, dass ich sehr müde bin. Dass ich mich abends hinlege und mich frage, werde ich morgen die Müdigkeit überwinden, oder werde ich sie nicht mehr überwinden. Dann denke ich: Mach kein Drama draus. In der letzten Nacht habe ich geschlafen wie in einer Umarmung.

Gibt es etwas, das du gern geschrieben hättest und nicht geschrieben hast?

Ja, ich hätte gern mal ein Theaterstück geschrieben. Ich bin immer gern ins Theater gegangen, auch in die Oper. Aber wenn ich darüber nachdenke – *Der Tod des Widersachers* und natürlich die *Komödie in Moll*, das sind ja eigentlich auch Dramen.

Wenn du zurückblickst: was ist dir das Wichtigste?

Überlebt zu haben. Produktiv gewesen zu sein. Das ist nicht dasselbe wie aktiv sein.

Was meinst du damit?

Die Arbeit des Schreibens ist manchmal auch etwas sehr Passives. Weil man hinhören muss, in sich hinein. Damit es eine natürliche Geburt wird und keine künstliche.

Wir haben lange gesprochen. Bist du jetzt müde?

Nein, gar nicht. Das war ein gutes Gespräch. Ein Gespräch zu zweit, ja? Doch, ich fühle mich sehr entspannt.

Und wie findest du jetzt unsere Idee, dieses Gespräch als Nachwort ans Ende deines Erinnerungsbuches zu stellen?

Das wäre schön. Sehr schön. Ein Gespräch darüber, wie es ist, hundert zu sein … Danach käme dann nur noch das Begräbnis. Man brauchte bloß umzublättern.

Editorische Notiz

Um 1990 begann Hans Keilson an seinem Wohnort im niederländischen Bussum mit autobiographischen Aufzeichnungen in kurzen, locker verbundenen Prosatexten. Die am Computer geschriebenen Texte zeigen zunehmende Probleme mit seiner nachlassenden Sehkraft, so dass er die Arbeit in Form von Diktaten an seine Ehefrau, die Literaturwissenschaftlerin Marita Keilson-Lauritz, fortsetzte, und zwar überwiegend im Sommerhaus in Amorbach. Beide Textgruppen sind als Dateien erhalten. Sie lassen erkennen, dass von Anfang an sowohl die erzählerische Grundform als auch die abschließende Szene feststanden. Das Strukturprinzip des Textes, als dessen Ziel »die unverbrüchliche Verbindung« von individuellem Erleben und Zeitgeschehen erscheint, ist ausdrücklich »nicht die zeitliche Folge allein«, sondern mehr noch »die innerliche Verknüpfung der Gedanken und Empfindungen«. Dabei kommt es nicht darauf an, dass sich »die Ereignisse zu einem Bild fügen«, vielmehr geht es um ein »Wiederaufrufen von Bildern«, die einander gegenübergestellt werden (vgl. im vorliegenden Text S. 11). Diesem Vorhaben entsprechend, setzen sich die

Aufzeichnungen aus einzelnen Abschnitten zusammen, die über der chronologischen Grundordnung der erinnerten »Bilder« eine erzählerische Ordnung der Ellipsen und Reprisen etablieren. Erst in Teilen der Amorbacher Diktate unternimmt Hans Keilson den Versuch eines kontinuierlichen, den traditionell autobiographischen Konventionen entsprechenden Erzählens; dieser vom ursprünglichen Plan abführende Versuch wird jedoch wieder aufgegeben. In der Folge aber erschien der Text dem Verfasser selbst nicht nur als unabgeschlossen, sondern als unabschließbar. Nachdem bereits einige Passagen in dem umfangreichen autobiographischen Essay *In der Fremde zuhause* verarbeitet worden waren, der 1992 in dem von Ludger M. Hermans in Tübingen herausgegebenen Sammelband *Psychoanalyse in Selbstdarstellungen* veröffentlicht wurde (dort S. 99–145, in Band 2 der 2005 bei S. Fischer erschienenen Werkausgabe S. 214–251), gab er das Vorhaben um die Mitte der 1990er Jahre einstweilen auf.

Erst als er sich 2010 zusammen mit dem Herausgeber an eine Auswahl seiner Essays machte (die gleichzeitig mit dem vorliegenden Band unter dem Titel *Kein Plädoyer für eine Luftschaukel* im Fischer Taschenbuch erscheint) und dabei auch in der Werkausgabe nicht enthaltene Texte einbezog, fanden die autobiographischen Aufzeichnungen wieder seine Aufmerksamkeit. Wie sich bei der erneuten Durchsicht des Materials rasch erwies, hatte sich der Eindruck des Unfertigen in erster Linie daraus ergeben, dass die der Sache nach durchaus überschaubare und bereits weitgehend festliegende Folge von »Bildern« in einer nur auf den ersten Blick unübersichtlichen Vielfalt von Abschriften und Neuansätzen vorlag. Die Redaktion hatte sich zu konzentrieren auf die Rekonstruktion des ursprünglichen Zusammenhangs durch das Ausscheiden reiner Wiederholungen und die Befolgung des ursprünglichen Konzepts. Diese Redaktion wurde vom Herausgeber in enger Zusammenarbeit mit dem Autor vorgenommen, bei dem von der Entscheidung zum Abschluss des Manuskripts bis zur Formulierung des Titels und dem Entschluss, anstelle eines Nachworts ein Gespräch mit dem Herausgeber zu führen, alle Entscheidungen lagen. Marita Keilson-Lauritz ist für ihre Hilfe und Ermutigung besonders zu danken.

H. D.

Inhalt